하나님의 뜻은 무엇인가?

하나님의 뜻은 무엇인가?

지은이 · 조정민
초판 발행 · 2014. 11. 17
16쇄 발행 | 2024. 7. 1
등록번호 · 제3-203호
등록된 곳 · 서울특별시 용산구 서빙고로 65길 38
발행처 · 사단법인 두란노서원
영업부 · 2078-3333   FAX 080-749-3705
출판부 · 2078-3331

책 값은 뒤표지에 있습니다.
ISBN 978-89-531-2109-6   03230

편집부에서 독자의 의견을 기다립니다.
tpress@duranno.com   http://www.Duranno.com

두란노서원은 바울 사도가 3차 전도여행 때 에베소에서 성령 받은 제자들을 따로 세워 하나님의 말씀으로 양육
하던 장소입니다. 사도행전 19장 8-20절의 정신에 따라 첫째 목회자를 돕는 사역과 평신도를 훈련시키는 사역,
둘째 세계선교(TIM)와 문서선교(단행본·잡지) 사역, 셋째 예수문화 및 경배와 찬양 사역, 그리고 가정 · 상담 사
역 등을 감당하고 있습니다. 1980년 12월 22일에 창립된 두란노서원은 주님 오실 때까지 이 사역들을 계속할
것입니다.

하나님의
뜻은 무엇인가?

조정민 지음

두란노

contents

프롤로그   6

1 거룩하라   11
거룩한 삶으로 하나님의 뜻을 이룬다

2 돌이키라   39
나의 길에서 돌이키면 하나님이 일하신다

3 나를 알라   67
제대로 알면 그 뜻에 순종하는 사랑에 이른다

4 사랑하라   95
내가 사랑하니 너희도 사랑하라

5 하나 되라   119
다름을 품으시는 하나님 안에서 함께하다

6 기뻐하라   145
예수님께 나를 내어 드릴 때 누리는 안식

7 기도하라   167
매순간 하나님을 기억하며 그 앞에 있는 것

8 감사하라   191
실수가 없으신 하나님을 온전히 인정하는 것

9 증인 되라   213
성령 안에서 삶으로 증언하라

프롤로그

회사에서 죽을힘을 다해 일하던 시절 여러 차례 상사들과 부딪
쳤습니다. 내 생각, 내 판단으로는 너무 부당하고 도저히 승복
할 수 없었기 때문입니다. 불복의 결과는 참담했습니다. 뜻밖
의 어려움이 가중됐습니다. 마음의 분노는 더 커졌고, 얽히고
설킨 관계는 더 힘들어졌습니다. 되돌아보니 내 오해였습니다.
내가 몸담은 조직은 나를 위해 있는 것이 아니며, 내게 지시를
내리던 상사들도 나를 위해 일하는 사람들이 아니었습니다. 그
런데 착각하고 내 뜻을 고집했으니 어리석어도 한참 어리석었
습니다.

중년에 이른 나이에 뒤늦게 교회에 나온 것은 개인적으론 다행이었습니다. 고난도 겪을 만큼 겪었고, 세상 이치나 사람들과의 관계도 나름대로 터득했다고 여겼습니다. 그래서 적어도 교회에서는 직장에서 범하던 실수를 피하자고 결심했습니다. '교회는 나 때문에 생긴 조직도 아니고 나를 위해 존재하는 것도 아니다.' 이 생각을 가지고 신앙의 여정을 시작했습니다. 그러나 이번에도 착각한 것이 있습니다. 교회는 세상과 다른 조직이며 성도는 시민과 다른 성품의 사람들이라고 생각한 것입니다.

때로 혼자 실소했습니다. 뭘 몰라도 한참 몰랐구나. 착각을 해도 한참 착각을 했구나. 이따금 속으로 실망을 달랬습니다. 세상보다 못한 교회 모습에 마음이 흔들렸고, 상식적인 시민보다 못한 열성적인 신도의 모습에 고개를 갸웃거렸습니다.

어디서 빗나간 것일까? 시작이 틀렸습니다. 많은 크리스천들이 출발선을 잘못 알아서 여전히 교회가 나 중심이어야 한다는 고집에서 벗어나지 못하고 있습니다. 이렇게 미숙한 크리스천들은 사실 그리스도를 전하기보다 가리는 일이 다반사입니다. 자신도 스스로에게 속고 교인들도 그에게 속습니다.

신앙의 출발은 하나님입니다. 신앙의 목적도 하나님입니다. 그리고 그 모든 과정은 예수님입니다. 그 사실을 알게 하고 살게 하시는 분은 성령님입니다. 세상의 종교는 내 뜻을 이루어 줄 신을 찾습니다. 그러나 기독교 신앙은 하나님의 뜻을 이루어 드리는 내가 되는 것입니다. 그래서 신앙은 말씀에서 시작됩니다. 그분의 뜻을 바로 아는 일에서 시작됩니다.

교회에 들어온 사람들은 그분의 입을 따라 말을 배웁니다. 그분이 가르쳐 준 말로 기도합니다. 그러나 시작이 잘못되면 갈수록 갈피를 잡지 못합니다. 신자든 비신자든 하나님의 뜻을 놓고 설전을 벌이는 일이 잦습니다. 안타까운 일입니다. 하나님의 진정한 뜻은 하나님을 모르는 비신자들조차 고개를 숙일 수밖에 없는 기준이기 때문입니다.

이 책은 베이직교회 성도들과 함께 나눈 하나님의 뜻에 관한 아홉 차례에 걸친 주일 말씀을 옮긴 것입니다. 아버지의 뜻을 혼란스러워하는 분들에게 본질적인 뜻을 전하고자 책으로 옮겨 내게 되었습니다. 이 책 앞에 서면서 '나는 그렇게 살고 있나'를 두려운 마음으로 다시 묻습니다. 손으로는 바른 길을 가리키면서 혼자 곁길에서 서성이지 않을까, 그러지 않기를 다짐합니다. 가장 먼저 나 자신이 결코 아버지의 뜻을 놓치지 않겠다는 마음을 굳게 합니다.

두란노 가족들의 사랑과 섬김에 거듭 감사하며, 믿음의 길 외롭지 않도록, 이 작은 책을 통해 아버지께서 새로 교제와 만남의 장으로 인도해 주실 형제자매들에게도 감사를 전합니다.

2014년 11월 날마다 하나님의 뜻을 묻던 기도의 자리에서
조정민

chapter 1

거룩하라

거룩한 삶으로 하나님의 뜻을 이룬다

거룩하라

하나님을 믿는 사람들에게 가장 중요한 것이 무엇이라고 생각합니까? 하나님입니다. 내가 아니지요. 그다음으로 중요한 것은 무엇일까요? 바로 하나님 나라입니다. 내 나라도 세상 나라도 아니고 하나님 나라입니다. 또 그다음으로 중요한 것이 무엇일까요? 하나님의 뜻입니다. 내 뜻이 아니에요. 예수님이 가르쳐 주신 주기도문을 보면 우리가 신앙에서 중요하게 여겨야 할 가치의 우선순위가 무엇인지를 알 수 있습니다.

하늘에 계신 우리 아버지여 이름이 거룩히 여김을 받으시오며 나라가 임하시오며 뜻이 하늘에서 이루어진 것같이 땅에서도 이루어지이다 마 6:9-10

예수님은 우리가 하나님을 믿는 백성으로서 살아갈 때 어떤 우선순위로 살아야 하는지를 명확하게 가르쳐 주셨습니다. 우리는 다만 주님이 가르쳐 주신 대로 구하고 따르며 살면 되는 것입니다.

그렇다면 하나님은 누구입니까? 먼저, 그분의 이름이 하나님이십니다. 그리고 하나님은 우리가 그의 이름을 부를 때 거기 계십니다. 말씀을 붙들고 묵상할 때 거기 계십니다. 누군가와 사랑하고 갈등하고 화해하는 모든 관계 속에 계십니다. 시간과 공간을 뛰어넘어 계시는 하나님이십니다. 그러니 그를 믿는 자는 하나님의 이름을 함부로 부를 수도, 망령되이 부를 수도 없습니다.

하나님 나라는 어디에 있습니까? 하나님 나라는 우리 가운데 있습니다. 성도와 성도 간의 관계 속에 하나님 나라가 임합니다. 그렇다면 하나님 나라는 무엇입니까? 하나님 나라는 곧 하나님입니다.

하나님 나라의 크기는 하나님의 크기와 동일합니다. 도무지 상상할 수 없는 크기입니다. 그런데 세상 사람들은 이 상상할 수 없는 하나님 나라를 구하지 않고 세상 나라를 구하면서 하나님 나라를 부정합니다. 하나님께서 허락하신 자유 의지 때문입니다.

하나님의 뜻에서
출발하라

세상 나라에서는 다른 나라로 여행할 때 반드시 허락을 받아야 합니다. 그 나라에서 허락하지 않으면 내가 아무리 원해도 갈 수 없습니다. 그런데 하나님 나라는 출입이 자유롭습니다. 이것이 바로 하나님의 사랑입니다. 내가 마음대로 나의 갈 길을 선택할 수 있다는 것은 누군가 나를 사랑하는데 자기 자신보다 더 사랑한다는 뜻입니다. 당연히 그분은 우리가 갖게 된 선택권을 바르게 사용하기를 바라고 또 바라십니다.

부모는 자녀가 대학을 택하거나 직장을 택하거나 배우자를 택할 때 부모의 뜻을 존중해 주기를 바랍니다. 그러나 자녀가 부모의 뜻을 따르지 않더라도 어쩌지 못합니다. 그 순간은 안타깝고 속상해도 사랑하기 때문에 관계가 단절될 정도로 강하게 자녀의 마음을 돌리지 않습니다. 애가 타지만 언젠가 자녀가 부모의 마음을 알아주길 바랄 뿐입니다.

물론 부모 중에는 철없고 미숙해서 오히려 자녀의 앞길을 망치는 분들도 있습니다. 그러나 하나님 아버지는 다릅니다. 하나님 아버지는 세상 어느 누구보다 신뢰할 수 있는 분입니다. 그래서 하나님을 믿는 자녀에게는 하나님 아버지의 뜻을 아는 것이 정말 중요합니다. 우리가 어떤 결정을 하건 하나님의 뜻을 아는 것이 가장 중요합니다.

지금 당신은 어떻습니까? 하나님을 믿는다고 입으로 시인하고 고백했으면서도 하나님의 뜻에는 여전히 관심이 없지 않습니까? 하나님의 뜻이 분명한 일에도 내 뜻을 더 고집하지 않습니까? 믿음이란 하나님의 뜻을 알고 하나님 나라를 추구하는 것입니다.

최근에 하나님의 뜻에 대한 논란이 많았습니다. 크리스천과 비크리스천의 생각이 다른 것은 어쩔 수 없겠지만 크리스천들 간에도 왜 그렇게 생각이 다를까요? 하나님의 뜻을 놓고 어떻게 전혀 상반된 주장을 할 수 있습니까? 우리는 왜 하나님의 뜻을 분별하지 못합니까? 왜 이단들은 시대와 장소를 가리지 않고 나타나는 겁니까? 하나님의 뜻이 변질되고 왜곡되기 때문입니다. 영적 여행의 시작과 끝은 하나님과 하나님의 뜻을 구하는 여정입니다. 하나님의 뜻은 분명합니다. 하나님의 말씀에 그대로 기록되어 있습니다.

그러므로 하나님의 뜻에 대한 사람의 생각은 중요하지 않습니다. 말씀이 하나님의 뜻입니다. 말씀도 모르면서 어떻게 하나님의 뜻을 알고 분별하며 좇을 수 있겠습니까? 그래서 믿음의 길을 가려면 가장 먼저 성경을 잘 알아야 합니다. 성경은 기록된 하나님이며 계시된 하나님입니다. 하나님을 알려면, 하나님의 뜻을 알려면, 하나님 나라를 구하려면, 먼저 성경을 아는 것이 중요합니다. 성경을 모르기 때문에 하나님의 뜻이 아닌 내 뜻을 주장하고 파벌을 만들어 분열을 조장하고 눈먼 자가 이끄는 줄도 모르고 따라가는 것입니다.

거룩이
하나님의 뜻이다

하나님은 이스라엘을 제사장 나라로 삼고 이스라엘 백성을 거룩한 백성이 되도록 하기 위해 애굽에서 마치 독수리 날개로 업어 데리고 나오듯 광야로 인도하셨다고 말씀하십니다. 하나님은 이스라엘 백성을 애굽에서 불러낸 까닭을 이렇게 설명하십니다.

> 내가 애굽 사람에게 어떻게 행하였음과 내가 어떻게 독수리 날개로 너희를 업어 내게로 인도하였음을 너희가 보았느니라 세계가 다 내게 속하였나니 너희가 내 말을 잘 듣고 내 언약을 지키면 너희는 모든 민족 중에서 내 소유가 되겠고 너희가 내게 대하여 제사장 나라가 되며 거룩한 백성이 되리라 너는 이 말을 이스라엘 자손에게 전할지니라 출 19:4-6

하나님은 사람이 아니어서 말실수를 하거나 말을 바꾸시지 않습니다. 그래서 하나님의 말씀은 곧 하나님의 뜻이자 하나님입니다. 사람은 생각을 감추기 위해서도 말하고 속이고 해치기

17

위해서도 말합니다. 그러나 하나님의 말씀에는 이 같은 악의가 없습니다. 하나님의 말씀은 생명이고 사랑이고 빛입니다. 그래서 하나님의 모든 말씀은 하나님의 뜻입니다.

그중에서도 하나님의 뜻을 분명하게 알 수 있는 말씀이 있습니다. 바로 명령하거나 금지하거나 거듭해서 반복하는 말씀입니다.

레위기에는 인간의 고집을 꺾고자 하는 하나님의 뜻이 나타나 있습니다. 애굽에서 몸에 밴 나쁜 버릇 때문에 도저히 자기 힘으로는 고칠 수 없을 정도로 망가진 이스라엘 백성을 새롭게 회복시키려는 것이 레위기에 나타난 하나님의 뜻입니다. 하나님이 계획한 이 프로젝트의 이름은 '구원'이고 키워드는 '거룩'입니다. 메시지는 딱 하나입니다. "나 여호와가 거룩하니 너희도 거룩하라"입니다. 하나님이 구원하는 목적은 거룩한 백성을 만들기 위함이라는 것입니다.

여호와께서 모세에게 말씀하여 이르시되 너는 이스라엘 자손의 온 회중에게 말하여 이르라 너희는 거룩하라 이는 나 여호와 너희 하나님이 거룩함이니라 레 19:1-2

하나님의 백성을 향해 결코 양보할 수 없는 하나님의 뜻이 바로 거룩입니다. 사람의 뜻은 무엇입니까? 행복이고 성공이고 번영입니다. 그러나 하나님의 뜻은 우리와 다릅니다. 오직 거룩입니다. 거룩이 성공이고 번영이고 행복입니다. 무슨 차이가 있습니까? 아니 그보다 거룩이 대체 무엇입니까?

거룩의 문자적인 뜻은 구별됨입니다. 다르다는 것입니다. 하나님이 아담과 하와를 짓고 서로 교제할 때는 문제가 없었습니다. 그러나 죄가 들어오자 하나님과 교제하고 소통하는 길이 끊어졌습니다. 죄는 급속히 팽창합니다. 이후 구별의 기준은 하나님과 소통할 수 있느냐 없느냐가 되었습니다. 소통할 수 없는 백성이 다시 하나님과 소통할 수 있는 백성으로 되는 것이 '구원'이고, 구원이 완성되는 과정은 거룩으로 채워집니다. 하나님의 뜻을 아는 것과 모르는 것이 구별의 기준입니다. 이 구별됨이 거룩입니다. 하나님과 교제할 수 있는 삶입니다. 모두가 제 뜻대로 생활하고 있는 이 세상에서 하나님과 교제할 수 있는 삶, 모두가 자신의 뜻을 추구할 때 하나님의 뜻을 추구하는 삶이 거룩한 삶입니다.

진정 하나님의 뜻을 추구하고 있습니까?

거룩은 부모를 섬기고
우상을 버리는 것이다

하나님은 거룩을 추상적으로 요구하시지 않습니다. 구체적으로 우리 삶에서 드러나야 할 거룩을 간명하게 알려 주십니다. 거룩은 먼저 관계에서 시작됩니다.

> 너희 각 사람은 부모를 경외하고 나의 안식일을 지키라 나는 너희의 하나님 여호와이니라 너희는 헛된 것들에게로 향하지 말며 너희를 위하여 신상들을 부어 만들지 말라 나는 너희의 하나님 여호와이니라 레 19:3-4

거룩의 첫째는 부모를 공경하는 것이고, 다음은 안식일을 지키며 우상을 만들지 않는 것입니다. 십계명과 달리 부모를 먼저 언급하신 것은 하나님의 자녀들이 무엇보다 부모를 닮아 가는 존재임을 강조한 것입니다. 신앙은 부모를 통해 전수됩니다. 부모는 자녀들이 하나님을 알아 가고 만나는 통로입니다. 부모를 공경하고 사랑하며 부모를 통해 바른 신앙을 물려받은 자녀들은 우상에 빠지지 않습니다. 음란이나 폭력, 가짜 사랑에 빠지지 않습니다. 부모의 사랑을 받고 자라 부모를 공경하는 자녀들은 삶의 토대가 이미 거룩입니다.

사회가 타락하고 흔들리는 까닭은 멀리 있지 않습니다. 부모와 자녀가 단절된 데서 비롯됩니다. 이 단절은 하나님과의 단절과 맥이 닿아 있습니다. 부모라는 뿌리가 약하면 자녀는 헛된 것들에 마음을 빼앗깁니다. 쉽게 우상을 만들고 우상에 묶입니다. 그런 점에서 '아이돌 세대'란 부모와 단절되어 헛된 것을 우상으로 삼는 세대를 지칭하는 말입니다. 아이돌이란 말 자체가 우상이라는 뜻이니 아이돌 세대란 우상에 빠진 세대라는 말이지요. 결코 부모가 하나님은 아니지만 그럼에도 불구하고 자녀가 자신을 사랑하는 부모를 경험하지 못할 때 하나님과의 관계도 병듭니다.

4천 년의 유대교 전통을 가진 유대인들에게는 세대 간의 갈등이 없습니다. 그것은 그들이 신앙에 목숨을 걸기 때문입니다. 그런 점에서 오늘날 크리스천 가정들이 비크리스천 가정들과 크게 다르지 않은 까닭은 신앙에 목숨 걸지 않기 때문입니다. 유대인들에게서 배워야 할 점이 있는 것입니다.

거룩은 모든 이들과
화목한 것이다

> 너희는 화목제물을 여호와께 드릴 때에 기쁘게 받으시도록 드리고 그 제물은 드리는 날과 이튿날에 먹고 셋째 날까지 남았거든 불사르라 셋째 날에 조금이라도 먹으면 가증한 것이 되어 기쁘게 받으심이 되지 못하고 그것을 먹는 자는 여호와의 성물을 더럽힘으로 말미암아 죄를 담당하리니 그가 그의 백성 중에서 끊어지리라 레 19:5-8

우리 삶에서 구체적으로 드러나야 할 거룩은 첫째, 부모를 공경하고 우상을 멀리하는 것이고 둘째, 화목한 공동체를 이루는 것입니다. 레위기 19장 5-8절에는 다섯 가지 제사 중에 화목제만 언급하고 있습니다. 다른 제사와 달리 화목제물만 제사장이 아닌 성도들이 함께 먹을 수 있습니다. 하나님은 거룩하라고 명령하시고 화목제를 이야기하면서 서로 화평하라고 하십니다. 화목제물을 드릴 때 하나님이 기뻐하시도록 드려라, 그리고 먹을 때 당일과 다음 날 이틀 안에 다 먹으라는 것이 명령의 내용입니다. 소 한 마리를 제물로 드리면 1500근 안팎의

고기가 나옵니다. 한 가족이 다 먹을 수 없는 양입니다. 그래서 화목제물은 이웃과 나누어 먹을 수밖에 없습니다. 그것도 내가 좋아하는 사람만 초대해서 먹기에는 그 양이 너무 많습니다. 자연히 그동안 소원했던 사람, 속을 끓였던 사람, 심지어 안 보겠다고 결심했던 사람까지 다 불러서 나눠 먹어야 합니다. 동네 사람 모두의 잔치가 되는 것입니다.

거룩이란 무엇입니까? 하나님이 원하시는 거룩의 진정한 뜻이 무엇입니까? 좋은 사람 싫은 사람 구분 없이 다 같이 나누어 먹는 것입니다. 그렇게 함께 나누며 공동체성을 회복하는 것입니다. 거룩은 개인의 구별을 넘어 공동체 전체가 구별되는 일입니다.

베이직교회에는 아침예배 후에 늘 풍성한 음식이 있습니다. 누군가 가져다 놓은 화목제물입니다. 어느 누구 강제한 적도 부탁한 적도 없건만, 어느 날은 감자가 나오고, 어느 날은 김밥이, 어느 날은 샌드위치가 모든 교인이 먹고도 남을 만큼 준비되어 있습니다. 그런데 자기 몫만 챙겨서 교회를 훌쩍 떠나 버린다면 화목제물의 깊은 의미를 누리지 못하는 것입니다. 화목제물로 공동체성을 회복하는 것이 음식을 준비한 의도이고 하나님이 기뻐하시는 뜻입니다. 김밥 한 줄이건 토마토 한 알이건 커피 한 잔이건, 그걸 먹으면서 누군가가 드린 화목제물에 감사하고 하나님께 감사하면서 나 역시 때가 되면 화목제물을 드리겠다고 결단하는 시간이 되면 좋겠습니다. 교회 공동체를 이루는 데 마음과 힘을 쏟을 때, 하나님의 뜻인 거룩을 이뤄 가게 됩니다.

거룩은 몰래 사회적 약자를 돕는 것이다

너희가 너희의 땅에서 곡식을 거둘 때에 너는 밭모퉁이까지 다 거두지 말고 네 떨어진 이삭도 줍지 말며 네 포도원의 열매를 다 따지 말며 네 포도원에 떨어진 열매도 줍지 말고 가난한 사람과 거류민을 위하여 버려두라 나는 너희의 하나님 여호와이니라 레 19:9-10

다시 한 번 묻겠습니다. 하나님의 뜻이 무엇입니까? 거룩입니다. 세상 사람들과 구별된 삶입니다. 무엇이 거룩입니까? 첫째, 부모를 섬기고 우상을 버리는 것입니다. 둘째, 화목제물을 나누며 교회 공동체가 하나 되는 것입니다. 그리고 셋째는 사회적 약자를 배려하는 것입니다.

하나님께서 이스라엘 백성에게 추수 때 곡식을 다 거두지 말라고 명령하십니다. 밭 네 모퉁이의 이삭 한 톨까지 수확하지 말고 모퉁이 정도는 남겨 두고 수확하라고 하십니다. 심지어 수확하다가 이삭이 떨어지면 줍지도 말라고 하십니다. 포도원에서 포도 수확할 때도 다 따지 말며, 혹 떨어진 포도는 그냥 두라고 하십니다. 가난한 사람들이나 나그네가 남겨둔 그것으로 연명할 수 있기 때문입니다.

일단 수확해서 창고에 쌓아 두었다가 먹고 남거든 나누어 주라는 게 아닙니다. 그들이 부끄럽지 않도록 내버려 두라는 것입니다. 선심 쓰듯 나눠 준 음식으로 배를 불리기보다 그나마 수고해서 수확한 것으로 배를 불리도록 하라는 것입니다. 얼마나 자상하신 하나님입니까? 약자를 향한 하나님의 마음이 이런 것입니다. 세상은 내가 쓰고 남는 것으로라도 약자를 도우면 박수치며 칭찬하지만, 하나님은 그 순간에 약자가 느낄 손부끄러움까지 배려해서 그들이 떳떳하게 배불리기를 바라십니다.

베이직교회의 뭇별 프로젝트는 이런 의도에서 나온 것입니다. 뭇별 프로젝트는 각자가 흩어져 오른손이 한 일을 왼손이 모르게 도움을 주는 것입니다. 우리가 쓰고 남는 것으로 작은 교회나 NGO, 혹은 개인에게 도움을 주는 것이 아니라 하나님의 방법으로 이름도 없이 빛도 없이 도움을 주고자 합니다. 우리의 이름을 높이기 위해서가 아니라 가진 것을 흩는 것으로 돕자는 것입니다.

소아암을 앓는 몽골 어린이 타난을 돕는 데 한 자매가 앞장섰을 때 교회와 성도들이 함께 손을 거들었습니다. 때로 더 필요한 도움을 위해 하는 수 없이 자신을 드러내야 할 때도 있지만 뭇별 프로젝트는 하나님이 주신 마음을 따라 하나님께 비밀스런 헌신을 드리는 데 취지가 있습니다. 하나님과 나만 아는 비밀이 있다는 것이 얼마나 뿌듯합니까?

저는 하나님이 이 땅의 모든 교회가 그렇게 하기를 원하신다고 믿습니다. 교회 이름이나 개인의 이름이 드러나지 않고 물질을 흩고 재능을 흩고 마음을 흩기를 원하신다고 믿습니다. 누가 가져갔는지도 모르지만 꼭 필요한 사람들이 필요를 채울 수 있도록 정말 소리 없는 나눔과 배려가 크리스천들의 삶 속에 스며들기를 하나님이 기다리신다고 믿습니다.

　금융자본주의로는 이 세상이 못 견딥니다. 정부의 복지 정책 같은 것으로는 부패한 분배 구조를 바로잡지 못합니다. 예나 지금이나 하나님이 약자를 배려할 것을 명령한 것은, 그들을 보살필 이는 선한 사마리아인밖에 없기 때문입니다. 정부 정책이나 시스템으로는 할 수 없지만 선한 사마리아인들은 할 수 있기 때문입니다. 사회적 약자들은 글로벌 경제 시스템의 압력을 도저히 버텨 내지 못합니다. 하나님은 인간의 탐욕을 너무나 잘 아십니다. 그리고 그 탐욕의 해독제는 거룩밖에 없음을 아십니다. 거룩이란 우리가 정해진 시간에 모여 함께 예배드리는 것에서 시작될 수 있습니다. 그러나 그 거룩을 사회 곳곳에 웅크린 약자들을 배려하는 거룩으로 확산시키는 것이 하나님의 뜻입니다. 하나님의 거룩은 환경이 어렵고 마음이 어려운 이웃에게 손을 펴는 것입니다. 그래서 택시 타면 잔돈 다 받으려 하지 말고, 봉사료 주어야 할 때 인색하지 말아야 합니다. 시장에 가서 물건을 살 때도 너무 악착같이 깎으려고 하지 마십시오. 사람의 돈은 사람에게 필요하지 하나님께 필요하지 않습니다. 또 다른 사람의 마음을 힘들게 하고, 다른 사람들을 어렵게 한 돈을 헌금한다고 하나님이 기뻐하시지도 않습니다.

거룩은 거짓 없는 정직이다

너희는 도둑질하지 말며 속이지 말며 서로 거짓말하지 말며 너희는 내 이름으로 거짓 맹세함으로 네 하나님의 이름을 욕되게 하지 말라 나는 여호와이니라 레 19:11-12

하나님의 뜻은 무엇입니까? 하나님을 믿지 않는 사람들과 구별된 삶을 사는 것입니다. 거룩의 네 번째 모습은 정직입니다.

우리는 새벽마다 기도하고 매주 하루 금식하고 자주 철야기도 하면서 거룩해질 수 있습니다. 그러나 반드시 거룩해지는 것은 아닙니다. 그럴수록 자칫 종교적이 될 수 있고, 더 위선적이 될 수 있으며, 그렇게 하면서도 하나님의 이름을 욕되게 할 수 있습니다. 하나님은 남의 것 훔치지 말고 속이지 말며 거짓말하지 말라고 하십니다. 그것이 하나님의 뜻이고 거룩이라고 말씀하십니다.

우리가 하는 모든 말은 하나님 앞에서 하는 것입니다. 거룩한 하나님 앞에서 거짓말하는 것은 하나님을 모독하는 것입니다.

거룩은 하나님의 공의를 실현하는 것이다

너는 네 이웃을 억압하지 말며 착취하지 말며 품꾼의 삯을 아침까지 밤새도록 네게 두지 말며 너는 귀먹은 자를 저주하지 말며 맹인 앞에 장애물을 놓지 말고 네 하나님을 경외하라 나는 여호와이니라 너희는 재판할 때에 불의를 행하지 말며 가난한 자의 편을 들지 말며 세력 있는 자라고 두둔하지 말고 공의로 사람을 재판할지며 너는 네 백성 중에 돌아다니며 사람을 비방하지 말며 네 이웃의 피를 흘려 이익을 도모하지 말라 나는 여호와이니라 레 19:13-16

다섯째 거룩의 모습은 공의입니다. 사회적 정의가 바로 거룩이고 하나님의 뜻입니다.

이웃을 억압하지 말라, 착취하지 말라, 임금 체불하지 말라, 장애인을 학대하지 말라고 하나님께서 명령하셨습니다. 하나님의 뜻이 확고하다는 뜻입니다. 이 금지명령은 하나님의 공의를 드러냅니다.

하나님의 뜻, 그 출발은 개인의 구원입니다. 구원받아야 하나님을 알게 되고, 하나님의 뜻을 분별하기 때문입니다. 그러나 구원받은 개인들이 함께 걷는 길은 사회 정의를 실현하는 길이기도 합니다.

우리는 특별히 레위기 19장 15절을 주목해야 합니다.

> 너희는 재판할 때에 불의를 행하지 말며 가난한 자의 편을 들지 말며 세력 있는 자라고 두둔하지 말고 공의로 사람을 재판할지
> 며 레 19:15

재판할 때 불의를 행하지 말라고 하시면서 가난한 자의 편도 들지 말고, 힘 있는 자도 두둔하지 말며, 오직 공의로 재판하라고 말씀하십니다. 얼마나 정확한 말씀입니까? 정의란 무엇입니까? 무조건 약자 편을 드는 것도, 무조건 힘 있는 사람 뒤

를 봐주는 것도 아닙니다. 자본주의가 정의도 아니지만 프롤레 타리아 혁명도 정의가 아닙니다. 기회를 틈타서 사람을 비방하 는 것, 이웃을 해치고서라도 내 이익을 추구하는 것 모두 정의 와는 거리가 멉니다. 하나님의 뜻은 정의로운 것에 있지만, 그 정의는 사람의 생각이 아니라 하나님의 말씀이 기준이 되어야 합니다.

예배드리는 것이 거룩한 삶의 시작일 수 있습니다. 그런데 이런 것을 제일 잘하는 사람들이 바리새인들입니다.

종교적인 외형에 치우친 수많은 위선자가 있습니다. 종교심 이 많은 사람들이 위선자가 될 수 있습니다. 종교심이 없는 사 람들은 도리어 뻔뻔해서 적어도 정직하게 무례하지요. 어쨌건 안팎이 다르지 않습니다.

사람들의 뜻은 성공에 있고 목표는 번영입니다. 사람들의 진 정한 의도는 행복해지는 것입니다. 그러나 하나님은 이 모든 것이 거룩에 담겨 있다고 하십니다. 거룩이 성공이고 번영이고 행복이라 하십니다. 구원받은 삶이 확장되는 모습이 곧 사회적 정의 실현입니다.

거룩은
사랑이다

너는 네 형제를 마음으로 미워하지 말며 네 이웃을 반드시 견책하라 그러면 네가 그에 대하여 죄를 담당하지 아니하리라 원수를 갚지 말며 동포를 원망하지 말며 네 이웃 사랑하기를 네 자신과 같이 사랑하라 나는 여호와이니라 레 19:17-18

끝으로 거룩은 이웃 사랑입니다. 거룩은 이웃 사랑으로 완성됩니다.

하나님은 사랑으로 견책하라고 하십니다(레 19:17-18). '견책'은 '꾸짖다', '비판하다'는 뜻입니다. 사랑한다고 무조건 봐주고 모른 척하는 것이 아니라 하나님의 말씀을 기준으로 꾸짖고 비판하라는 말씀입니다. 그래야 죄를 멈출 수 있고 공동체가 함께 죄를 범하지 않을 수 있기 때문입니다. 미워하지 않고 원망하지 않고 사랑으로 나무랄 수 있는 것이 거룩입니다. 이 거룩은 사랑과 불가분입니다.

오늘날 많은 교회 공동체에 필요한 것이 이 견책입니다. 순종이라는 미덕을 지나치게 강조하다 보면 비판적 기능을 놓칠 수 있습니다. 견책하지 않으면 교회는 심각한 죄를 범할 수 있고, 갈등을 겪다 무너질 수 있습니다.

그러나 모든 꾸짖음과 비판은 사랑으로 해야 합니다. 마음속에 미움이 없고 원망이 없으며 오히려 더 사랑하기 때문에 말할 수 있어야 합니다. 미움은 사실 아무것도 바꾸지 못합니다. 미움은 더 큰 미움을 낳을 뿐입니다.

저는 예수님을 알지 못했을 때 비판 전문가였습니다. 눈만 뜨면 비판거리가 보였고 입만 열면 비판을 쏟아 놓았습니다. 그런데 그 마음에는 원망과 미움이 가득했습니다. 죄에 대한 분노보다 사람에 대한 분노가 더 컸습니다. 그리고 사람들을 비판하는 바로 그 잣대를 내게는 들이대지 않았습니다.

크리스천이 되고 나서는 사람이 아니라 죄를 미워하게 되었지만 아직도 사랑으로 미워하지는 못합니다. 그러다 보니 성도의 잘못을 담대하게 말해 주지 못합니다. 사랑이 부족한 탓에 잘못도 제대로 얘기해 주지 않는 것입니다. 그래서 관계에 병이 듭니다. 초기에 풀 수 있는 것을 그대로 두었다가 엉킨 실타래가 되어 버립니다. 사랑으로 견책하는 데까지 신앙이 자라야 합니다.

한편, 예수님이 산상수훈에서 "비판하지 말라 너희가 비판하는 그 비판으로 너희가 비판을 받을 것이요"(마 7:1-2) 하셨는데 이 말씀은 어떻게 해석해야 합니까?

여기서 비판은 비난과 비방, 나아가서 소송과 재판이라는 의미입니다. 견책은 사랑으로 하는 바른 지적과 시정을 말하지만, 산상수훈에서 말씀하신 비판은 그 정도가 지나쳐서 비난과 비방이 되는 것을 말합니다. 비난하고 비방하는 이유가 무엇입니까? 마음에 미움과 원망이 있기 때문입니다. 미워하고 원망하는 마음으로 지적해 봐야 달라지는 것은 아무것도 없습니다. 관계만 더 나빠질 뿐입니다.

그래서 사랑이 먼저입니다. 사랑하면 잘못을 지적당할 때 감사가 생깁니다. 물론 지적당하면 마음이 불편하고 슬픕니다. 하지만 사랑으로 지적하면 그 사람의 마음이 헤아려지니까 감사하게 됩니다.

하나님의 뜻,
실천을 통해 깨닫는다

> 너희는 나에게 거룩할지어다 이
> 는 나 여호와가 거룩하고 내가 또 너희를 나의 소유로 삼으려고
> 너희를 만민 중에서 구별하였음이니라 레 20:26

하나님의 뜻은 무엇입니까? 하나님의 뜻은 '거룩하라'는 명령 속에 뚜렷하게 드러나 있습니다. 이 뜻은 이제 우리 모두가 살아 내야 할 하나님의 뜻입니다. 또한 이 말씀은 우리가 하나님의 뜻에 구체적으로 어떻게 반응해야 하는지를 알려 줍니다.

하나님의 뜻은 대별하여 두 가지입니다. 감춰진 뜻과 밝히 드러내 주신 뜻입니다. 그런데 감춰진 하나님의 뜻은 하나님께 속한 것으로 우리로서는 결코 다 알 수 없습니다. 이미 역사 속에서 이루어졌다고 해도 우리가 다 알 수 없습니다.

그러나 우리가 이 땅에서 행해야 할 뜻은 하나님이 이미 분명하게 모두 알려 주셨습니다.

말씀으로 드러난 뜻은 우리에게 속한 것입니다. 우리가 그렇게 살면 되는 것입니다.

감추어진 일은 우리 하나님 여호와께 속하였거니와 나타난 일은 영원히 우리와 우리 자손에게 속하였나니 이는 우리에게 이 율법의 모든 말씀을 행하게 하심이니라 신 29:29

예수님도 말씀하셨습니다. 예수님은 이 말씀대로 사는 모습을 보여 주러 이 땅에 오셨고 이 말씀을 완성하셨습니다.

그러므로 하늘에 계신 너희 아버지의 온전하심과 같이 너희도 온전하라 마 5:48

아직도 하나님의 뜻을 분별하지 못하겠다고 합니까? 말씀을 읽고 듣고도 모른다고 할 수 있습니까? 하나님이 알려 주신 뜻을 제대로 행하지 않으면서 하나님의 뜻을 안다고 말할 수 있으며, 하나님의 뜻과 무관하게 살면서 하나님의 비밀스런 뜻을 다 안다고 말할 수 있습니까?

하나님이 명령하신 하나님의 뜻을 따르지 않으면서 하나님의 더 깊은 뜻을 알려 달라고 매달리는 사람이 있는데 참으로 안타까운 일입니다. 그때가 사실 더 위험합니다. 사탄이 슬그

머니 천사로 가장해서 하나님의 뜻과 하나님의 음성인 것처럼 다가와 우리 귀에 들려주기 때문입니다.

이미 말씀하신 하나님의 뜻을 행하는 자에게 하나님은 때가 이르면 더 깊은 뜻을 알려 주실 것입니다. 그러나 중요한 것은 더 깊은 뜻을 알려고 하기 전에 이미 드러난 하나님의 뜻을 행하는 데 마음과 뜻과 목숨을 다해야 한다는 사실입니다. 하나님의 뜻을 더 알고 싶습니까? 이미 알게 된 뜻부터 우리의 삶을 통해 드러나게 하십시다.

chapter 2

돌이키라

God's

God's

나의 길에서 돌이키면 하나님이 일하신다

will

will

돌이키라

앞에서 우리는 '거룩'이 무엇이며 구체적으로 '거룩'을 드러내는 삶이 무엇인지 알았습니다. 하나님은 이스라엘 백성이 거룩한 삶을 살게 하기 위해 그들을 애굽 땅에서 건져 내어 가나안 땅을 주셨습니다.

그런데 가나안이 어떤 땅입니까? 탐이 날 만큼 살기 좋은 땅입니까, 아니면 아무도 살지 않아서 차지하기 좋은 땅입니까? 가나안은 캐나다처럼 천혜의 환경을 가진 땅도 아니었고 아무도 살지 않아서 점령하기 좋은 땅도 아니었습니다. 가나안은 '철저히 부패한 땅, 전적으로 타락한 땅, 상상할 수 없이 음란한 땅'이었습니다. 더구나 그곳 주민들은 이스라엘 백성에게는 없는 철병거까지 갖고 있습니다. 결코 만만한 상대가 아닌 것입니다. 그런데 하나님은 왜 이렇게 척박하고 만만하지 않은 땅을 이스라엘 백성에게 주신 걸까요? 만일 거룩이 행복하고 번영하고 성공하는 것이었다면 가나안을 주시면 안 되었습니다.

하나님은 이 부패한 땅에서 이스라엘 백성이 구별된 삶을 살기를 원하셨습니다. 부패와 음란과 타락을 돌이켜 거룩한 땅으로 회복하길 원하셨습니다. 하나님은 이스라엘 백성을 구별된 삶으로 빚을 능력이 있는 분이고 그럴 자신이 있었기 때문에 이 척박한 땅을 허락하신 것입니다.

오늘날 우리에게도 부패하고 타락하고 음란하기 짝이 없는 이 땅을 회복할 사명이 있습니다. 하나님은 우리를 세상과 구별된 거룩한 백성으로 빚기를 원하셔서 하나님의 자녀로 우리를 부르셨습니다.

여호수아가 모세를 이어 지도자가 되었을 때 하나님은 이 땅을 점령하고 이 땅에서 이스라엘 백성이 어떻게 살아야 할지를 일러 주셨습니다.

오직 강하고 극히 담대하여 나의 종 모세가 네게 명령한 그 율법을 다 지켜 행하고 우로나 좌로나 치우치지 말라 그리하면 어디로 가든지 형통하리니 이 율법책을 네 입에서 떠나지 말게 하며 주야로 그것을 묵상하여 그 안에 기록된 대로 다 지켜 행하라 그리하면 네 길이 평탄하게 될 것이며 네가 형통하리라 수 1:7-8

가나안 정복 전쟁에 임하는 이스라엘 총사령관 여호수아에게 하달된 명령입니다. 전쟁에 임하는 교전 수칙은 이것입니다.

"강하고 담대하라."

뭘 주고 그런 말씀을 하셔야 되는 것 아닙니까? 가나안 족속들이 가진 무기보다 더 강력한 걸 쥐어 주고 그런 명령을 하셔야 되는 것 아닙니까? 그런데 이스라엘 백성이 개전을 앞두고 해야 할 준비란 이런 것이었습니다.

"모세가 네게 명령한 그 율법을 다 지켜 행하고 우로나 좌로나 치우치지 말라… 이 율법책을 네 입에서 떠나지 말게 하며 주야로 그것을 묵상하여 그 안에 기록된 대로 다 지켜 행하라."

지금부터 적과 싸울 수 있는 병력을 철저히 점검하고 밤낮없이 훈련해라, 가나안 일곱 부족을 연구하고 그들의 동태를

24시간 감시해라 따위의 작전 명령은 어디에도 없습니다. 더구나 말씀을 지켜 행할 뿐 아니라 가나안 땅에 들어가서도 그 말씀을 계속 잘 지키라고 하십니다. 그렇지 않으면 그 땅을 차지하더라도 멸절당할 것이라고 하십니다.

> 너희의 하나님 여호와께서 너희에게 말씀하신 모든 선한 말씀이
> 너희에게 임한 것같이 여호와께서 모든 불길한 말씀도 너희에게
> 임하게 하사 너희의 하나님 여호와께서 너희에게 주신 이 아름
> 다운 땅에서 너희를 멸절하기까지 하실 것이라 수 23:15

너무나 매력적인
바알 신

하나님의 백성이란 하나님 나라의 백성으로서 하나님 나라를 거부하지 않는 사람들입니다. 국민의 첫 번째 의무는 국가를 부정하지 않는 것입니다. 대한민국 국민의 첫 번째 의무는 대한민국이 민주공화국이라는 국헌을 부정하지 않는 것입니다. 하나님의 백성이 준수해야 할 첫 번째

의무는 하나님을 부정하지 않는 것입니다.

결혼의 첫 번째 의무는 배우자를 부정하지 않는 것입니다. 어떻게 해야 배우자를 부정하지 않고 인정하는 것입니까? 배우자에게 부정(不淨)하지 않고 깨끗하게 지키는 것입니다. 부부관계, 결혼관계의 기초는 정결한 관계, 거룩한 관계, 깨끗한 관계입니다. 이것이 지켜지지 않으면 아무리 배우자가 돈이 많고 명성이 높고 인격이 훌륭해도 부부관계에는 이미 문제가 생긴 것입니다.

마찬가지로 하나님을 부정(否定)하지 않는 것은, 하나님께 부정(不淨)하지 않고 깨끗하게 지키는 것입니다. 하나님 이외의 다른 것을 섬기지 않는 것, 이보다 더 중요하게 지켜야 할 것이란 없습니다. 이것을 지키는 것이 하나님과의 관계에서 기본이며 이보다 더 우선하는 것은 없습니다. 그런데 이스라엘 백성은 이 기본을 버렸습니다.

이스라엘 자손이 여호와의 목전에 악을 행하여 바알들을 섬기며 애굽 땅에서 그들을 인도하여 내신 그들의 조상들의 하나님 여호와를 버리고 다른 신들 곧 그들의 주위에 있는 백성의 신들을

따라 그들에게 절하여 여호와를 진노하시게 하였으되 곧 그들이

여호와를 버리고 바알과 아스다롯을 섬겼으므로 삿 2:11-13

바알은 가나안 족속들의 주신입니다. 아스다롯은 바알의 부인입니다. 이스라엘 백성이 어쩌다가 하나님을 떠나 가나안 신들을 섬기게 되었을까요? 그러나 이스라엘 백성으로서는 너무나 자연스러운 반응이었습니다. 가나안 족속은 농경민들입니다. 때를 따라 비가 오고 알맞은 기후로 작물이 자라야 수확이 풍성해지니, 농사짓는 데 가장 중요한 것이 날씨입니다. 가나안 족속들이 믿기로는 이 땅에서 이 모든 것을 주관하는 신이 바알과 아스다롯입니다. 이스라엘 백성은 그런 풍토가 뿌리 깊은 가나안 땅에 들어가 하나님의 명령대로 그들을 완전히 몰아내지도 못한 채 오히려 그들의 전통을 흡수했습니다. 이스라엘 백성의 가나안 정복 전쟁은 이렇게 미완인 채로 끝나 버렸습니다.

하나님은 이미 가나안 땅에 들어가서 가나안 족속들을 완전히 몰아내지 못하면 그것이 이스라엘 백성에게 올무가 될 것이라고 경고하셨습니다. 결국 말씀대로 되었습니다.

그러므로 내가 또 말하기를 내가 그들을 너희 앞에서 쫓아내지
아니하리니 그들이 너희 옆구리에 가시가 될 것이며 그들의 신
들이 너희에게 올무가 되리라 하였노라 삿 2:3

이스라엘 백성은 여호와를 버리고 가나안의 신, 바알을 섬겼
습니다. 농사짓게 되었으니 농사를 주관하는 신에게 가야 한다
고 생각했을 것입니다. 문제는 가나안 족속이 섬기는 신은 음
란하기 짝이 없다는 것입니다. 말이 제사고 예배지 성전에 성
창을 두어 그들과 관계를 갖는 것이 곧 예배인 그런 신앙이었
습니다. 그런 종교를 좇았으니 이스라엘 남자들이 한순간에 허
물어져 버렸습니다.

당시 종교는 정치와 불가분이었고 동시에 모든 문화를 지배
했습니다. 지금도 크게 다르지 않습니다. 한국은 샤머니즘을 비
롯한 종교가 문화의 이름으로 보존되거나 정책적으로 장려됩
니다. 바알 신앙은 야훼 신앙에 비할 바 없이 근사해 보였을지
모릅니다. 번제, 속죄제, 속건제와 같은 피비린내 나는 제사와
바알 신을 향한 향락과 쾌락의 제사는 비교할 수가 없습니다.
하나님은 더 이상 매력적이지 않았겠지요. 여호와 하나님은 광

46

야의 신이고, 이제 농경 사회에 정착했으니 여기에 맞는 신을 따르는 것이 당연하다 여겼을 것입니다. 그것이 매우 이성적이고 합리적인 판단이라고 믿었을 것입니다. 특히 이스라엘의 남자들은 새로 접하게 된 쾌락이 가득한 예배를 더 자주 드리고 싶었을 것입니다. 하지만 그 대가는 극심한 고통이었습니다.

바알 신앙 VS
예수 신앙

여호와께서 이스라엘에게 진노하사 노략하는 자의 손에 넘겨 주사 그들이 노략을 당하게 하시며 또 주위에 있는 모든 대적의 손에 팔아넘기시매 그들이 다시는 대적을 당하지 못하였으며 그들이 어디로 가든지 여호와의 손이 그들에게 재앙을 내리시니 곧 여호와께서 말씀하신 것과 같고 여호와께서 그들에게 맹세하신 것과 같아서 그들의 괴로움이 심하였더라 삿 2:14-15

바알에게 갔더니 결과가 무엇입니까? 바알을 숭배하던 사람들에게 노략을 당했습니다. 뭘 좀 얻었나 싶었는데 그들에게 다 빼앗겼습니다. 돈 벌러 갔다가 도리어 있는 돈까지 다 빼앗긴 꼴입니다. 풍요를 기대하고 갔다가 결국 빈손이 되었습니다.

그런데 문제는 그다음입니다. 그들로서는 대적을 당할 힘이 없습니다. 예배가 무너지면 대적의 노략질에 속절없이 당하고 맙니다. 하나님의 백성은 하나님과의 관계가 무너지면 모든 것을 잃을 뿐만 아니라 극심한 고통 가운데 빠지게 됩니다. 이것이 하나님 나라 백성의 삶에 나타나는 특징입니다. 하나님으로 만족하지 않으면 아무것도 만족하지 못합니다.

부부관계도 마찬가지입니다. 부정하지 말아야 합니다. 남편이 아내를 사랑하지 않으면 아내는 사실 어떤 것으로도 기쁘지 않습니다. 아내로부터 인정받지 못하면 남편은 무엇으로도 만족스럽지 않습니다.

결국 이스라엘 백성은 하나님의 진노하심으로 재앙을 받았고, 극심한 고통에 시달렸습니다. 세상 방법이 좋아 보이고 세상 지혜가 더 그럴듯해서 따라갔다가는 어떻게 되겠습니까? 세상 방법으로는, 세상 지혜로는 세상을 이길 수 없습니다. 세상을 이기려면 세상보다 더 강력하거나 전혀 달라야 합니다.

그동안 세상은 교회로부터, 성경으로부터 많은 것을 배웠습니다. 교회나 크리스천들은 이제 교회가 세상으로부터 배워야 할 때라고 말합니다. 그러나 세상에 있는 것들은 육신의 정욕과 안목의 정욕과 이생의 자랑을 위한 것입니다. 세상 지혜와 세상 방법은 이를 이루기 위한 것임을 분별해야 합니다. 출발이나 동기가 교회와는 전혀 다르다면 세상 것을 받아들이는 데 지극히 조심해야 합니다.

어떤 분들은 우리의 동기나 목적이 선하기 때문에 세상 것들도 괜찮다고 말합니다. 맞기도 하고 맞지 않기도 합니다. 이스라엘 백성은 광야에서 성막을 세울 때 애굽에서 갖고 나온 모든 재료를 사용했습니다. 애굽에서는 자신의 목적을 위해 사용하던 것들이지만 광야에서는 모든 것이 하나님을 위한 재료가 되었습니다. 그런 점에서 세상 것들을 반드시 버려야 한다는 말은 맞지 않습니다. 그러나 성막은 어떻게 지어졌습니까? 모든 재료와 양식들이 다 하나님의 명령과 하나님의 뜻을 따라 지어졌습니다. 중요한 것은 하나님의 명령이고 하나님의 기준입니다.

교회는 예수님의 고유한 유기체적 공동체입니다. 한 교회 한 교회가 모두 독특합니다. 동시에 모든 교회는 보편적인 공동체입니다. 그럼에도 불구하고 예수님은 모든 교회를 동일하게 만들지 않으셨습니다. 한 틀에 넣지도, 제도 안에 가두지도 않으셨습니다. 교회는 제도가 되지 않도록 하는 최소한의 제도입니다. 권력적 질서가 자리 잡지 않도록 하기 위한 제도입니다. 그래서 교회는 크건 작건 제도보다는 공동체입니다.

교회는 오직 사랑의 공동체일 뿐입니다. 물론 작은 교회가 답이라는 말은 아닙니다. 교회가 작아도 이런 틀을 만들고 틀을 갖춘 제도에 갇혀 버린다면 마찬가지입니다.

세상에서는 큰 조직이 큰일을 합니다. 사람도 많고 돈도 많아야 큰일을 할 수 있습니다. 그러면 하나님 나라도 그렇습니까? 예수님은 돈 많고 사람 많은 예루살렘 성전과 그 제도가 완전히 무너질 것을 예고하셨습니다. 그리고 열두 제자들과 다시 시작하셨습니다. 건물 없이 시작하셨고 제도 없이 시작하셨습니다. 그리고 그들을 성령의 사람으로 변화시켜 교회라 부르고 그들에게 세상을 맡긴 뒤 떠나셨습니다. 예수님이 직접 만드신 제도가 있습니까? 없습니다. 그렇다면 아무런 제도 없이 어떻게 교회를 하라는 겁니까?

너희가 서로 사랑하면 이로써 모든 사람이 너희가 내 제자인 줄 알리라 요 13:35

세상은 서로 용서 못하고 사랑하지 못하나, 너희들은 서로 용서하고 사랑하며 각자 자기 십자가를 지고 예수님을 따르라고 하십니다. 서로 용서하고 용납하고 사랑하는 일이 반드시 제도 안에서만 가능합니까? 각자 십자가를 지고 예수님을 따르는 일이 부서와 조직 안에서만 가능합니까? 그렇지 않습니다. 우리 모두가 하나 되어야만 가능합니다. 하나님이 우리를 부르신 까닭은, 세상 사람들처럼 더 크고 더 좋고 더 값비싼 것을 좇으라는 게 아니라 세상 사람들은 절대로 할 수 없는 사랑하고 용서하고 용납하는 일을 하라는 데 있습니다.

바알 신앙은 세상의 크고 좋은 것을 사모하는 태도입니다. 그들은 번영과 풍요와 업적을 숭배합니다. 바알 신앙의 궁극적인 목적은 더 많은 소유와 더 강력한 지배에 있습니다. 소유를 지키고 소유를 늘리고 그 소유로 사람과 세상을 지배하는 것입니다. 바알 신앙에는 십자가가 없습니다. 대가를 치르지 않기 때문에 시간이 흐르면 반드시 갈등과 반목 가운데 무너지고 맙니다.

오늘날 크리스천들에게 바알을 섬기냐고 물으면 아무도 그렇다고 대답하지 않을 것입니다. 그러나 생각해 보십시오. 하나님을 믿는다면서 더 부유하고 싶고 더 큰 권력을 갖고 싶고 더 큰 영향력을 갖고 싶지 않습니까? 그렇다면 우리는 여전히 바알 신전을 찾고 있는 것입니다.

바알 신앙의 본질이 무엇입니까? 십자가는 필요 없다는 것입니다. 십자가란 내가 죽는 것입니다. 기꺼이 손해 보겠다는 것입니다. 그런데 정말 십자가 앞에서 죽었고 손해 봐도 좋다고 생각하십니까? 내가 이룩할 어떤 성과를 바라보며 예배를 드리고 말씀을 보고 기도하고 있지는 않습니까? 만일 그렇다면 교회에 나오든 점집에 가든 절에 가든 무슨 차이가 있습니까? 내가 원하는 것을 얻기 위해, 내 소원을 이루고 내 한을 풀기 위해 교회에 나간다면 교회라는 이름을 내건 바알 신전에 가는 것과 다를 바가 무엇입니까? 바알 종교란 내 목적을 이루기 위해 신을 찾는 것이고, 참된 신앙이란 내가 하나님의 뜻을 이루는 존재가 되는 것 아닙니까?

그래서 우리의 신앙은 나로부터 돌이키는 데서 출발합니다.

돌이킨다는 것은 내 모든 욕망과 태도를 십자가에 못 박아서 완전히 돌려세우는 것입니다. 날마다 새벽기도에 나와 울며불며 기도하면 돌이켜집니까? 40일 금식기도를 하면 돌이켜집니까? 전 재산을 헌금하면 돌이켜집니까? 만일 그래서 돌이켜진다면 지금 교회는 왜 세상 사람들의 조롱거리가 되었습니까? 날마다 눈물로 기도하는 사람도 있고, 40일간 금식으로 기도하는 사람도 있고, 전 재산을 바쳐 헌금하는 사람도 있는데 왜 교회는 하나님의 뜻과 점점 더 멀어지고 있습니까?

교회는 그동안 하나님의 이름을 걸고 내 것을 추구하고, 교회라는 이름을 걸고 내 교회를 추구하고, 교리라는 이름으로 서로 다투면서 예수님보다 교단을 중시한 게 아닐까요? 예수님보다 우리 교회 이름이 더 중요하고 십자가보다 내 소유와 성공과 행복이 더 중요해진 게 아닐까요? 이것이 곧 바알 신앙이 아니고 무엇입니까? 그리고 그 결말이 어떻습니까? 갈수록 괴로움이 더합니다. 어느 날 반드시 수치를 겪습니다.

마음을
돌이켜라

사람은 괴로우면 신음합니다. 고통스러우면 부르짖습니다. 하나님은 이 신음과 고통을 들으시고 대책을 마련해 주십니다.

> 여호와께서 사사들을 세우사 노략자의 손에서 그들을 구원하게 하셨으나 그들이 그 사사들에게도 순종하지 아니하고 오히려 다른 신들을 따라가 음행하며 그들에게 절하고 여호와의 명령을 순종하던 그들의 조상들이 행하던 길에서 속히 치우쳐 떠나서 그와 같이 행하지 아니하였더라 삿 2:16-17

하나님은 하나님의 백성이 문제를 일으킬 때 사람들을 매로 쓰고 인생을 채찍으로 쓰십니다. 사랑하기 때문에 영적으로 바람난 이스라엘 백성에게 그 남자도 집에 데리고 들어오라고 하지 않습니다.

나는 그에게 아버지가 되고 그는 내게 아들이 되리니 그가 만일

죄를 범하면 내가 사람의 매와 인생의 채찍으로 징계하려니와 ^삼

하 7:14

내 곁에 있는 가까운 사람은 분명 선물이지만 때로 더없이 아픈 매가 됩니다. 내게 주어진 인생은 분명 선물이지만 인생은 때로 그 무엇보다 혹독한 채찍입니다. 하나님은 우리에게 복을 주실 때도 하나님의 사람을 사용하시고 매를 드실 때도 하나님의 사람을 사용하십니다. 가나안에서 길 잃은 백성을 위한 하나님의 대책은 사사를 세우는 것이었습니다.

여호와께서 그들을 위하여 사사들을 세우실 때에는 그 사사와 함께하셨고 그 사사가 사는 날 동안에는 여호와께서 그들을 대적의 손에서 구원하셨으니 이는 그들이 대적에게 압박과 괴롭게 함을 받아 슬피 부르짖으므로 여호와께서 뜻을 돌이키셨음이거

늘 삿 2:18

사사는 이스라엘 백성을 위해 하나님이 세우신 사람입니다. 하나님이 세우셨고 하나님이 그와 함께하셨습니다. 따라서 사

사가 세워지는 것이 구원의 시작입니다. 그런데 구원이 시작되는 데는 배경음이 있습니다. 이스라엘 백성이 압제와 폭력에 견디다 못해 신음하는 소리이고 괴로움과 슬픔 속에서 터져 나오는 울부짖음입니다. 이 신음과 울부짖음 때문에 하나님이 뜻을 돌이키십니다. 하나님이 뜻을 돌이키시는 까닭은 하나님의 성품 때문입니다.

여기서 '뜻을 돌이키다'로 번역한 히브리어 나함(נחם)은 원래 '위로하다, 애석해하다, 후회하다'는 뜻입니다. 그러나 정확한 의미를 헤아려 보면, 하나님이 뜻을 돌이키셨다는 말은 하나님이 조치를 취하셨다는 뜻을 포함합니다. 하나님은 자비롭고 은혜로우신 분입니다. 하나님은 사랑으로 열려 있는 분입니다. 하나님은 우리의 회개 때문에 구원하시는 것이 아닙니다. 구원하기로 결정하셨기 때문에 구원의 조치를 취하시는 것입니다.

사실 울부짖는 것은 회개가 아닙니다. 그냥 고통의 표현일 뿐입니다. 이스라엘 백성이 애굽에서 종살이할 때도 어떤 회개를 한 것이 아닙니다. 그냥 힘들어서 부르짖었을 뿐입니다. 우리가 하나님을 부르는 것도 당장 돌이켜 바르게 살겠다고 결단해서 그러는 것이 아닙니다. 그냥 힘들어서 하나님을 부를 뿐입니다. 그냥 불렀을 뿐인데 하나님이 안아 주셔서 진짜 회개가 일어나는 것입니다.

회개는 정말로 내 마음을 돌이키는 것입니다. 그냥 울고불고 떼쓰고 기도하는 것이 회개가 아니지요. 이 순서에 오해가 없기를 바랍니다. 우리가 회개하는 어떤 결정이나 행동 때문에 하나님이 구원하시기로 마음을 바꾼 것이 아닙니다. 하나님은 이미 우리를 구원하기로 작정하셔서 문을 열고 기다리고 계십니다. 우리가 돌아오기를 기다리십니다.

구원이란 돌이키는 것이고 돌아서는 것이고 돌아오는 것입니다. 구원이란 집 나갔다가 집으로 돌아오는 것입니다. 예수님이 탕자의 비유에서 말씀하신 것이 바로 이런 것입니다.

아버지는 집 나간 아들이 돌아오기를 기다리십니다. 아버지는 아들이 뭘 잘해서 받아들이기로 작정한 것이 아니라 아들이 집을 나가는 순간부터 돌아오기를 기다리십니다. 아들이 떼를 써서 가져간 재산을 도로 가져오든 빈털터리로 돌아오든 상관하지 않습니다. 그저 먼발치서 아들이 돌아오기를 기다리고 또 기다립니다. 집 나간 아들이 몰골이 말이 아니어도 아버지는 아들을 끌어안습니다. 냄새가 코를 찌르는 줄도 모릅니다. 깨끗이 씻고 비단 옷을 입힌 뒤가 아니라 그저 보는 즉시 안아 줍니다. 이 맞아 주심, 이 안아 주심이 구원의 본질입니다.

하나님이 뜻을 돌이키셨다는데 무엇을 돌이키셨을까요? 하나님의 뜻을 바꾸셨다는 뜻일까요? 아닙니다. 하나님의 뜻은 불변합니다. 우리를 향한 하나님의 사랑이 불변하듯이 그의 뜻은 변하지 않습니다. 하나님의 뜻은 무엇입니까? 우리가 돌아서는 것입니다. 하나님의 변함없는 사랑 때문에 우리가 돌아서기를, 우리의 태도가 바뀌기를 원하시는 것입니다.

하나님은 우리를 돌이키기 위해 수만 가지 수를 쓰십니다. 그 수를 우리는 못 당합니다. 안 돌이키면 고생만 더할 뿐입니다. 돌이켰다가 다시 예전으로 돌아가면 죽도록 더 고생합니다. 그러므로 돌이킬 때 확실히 돌이켜야 합니다.

거룩으로
돌이키라

그 사사가 죽은 후에는 그들이 돌이켜 그
들의 조상들보다 더욱 타락하여 다른 신들을 따라 섬기며 그들

58

에게 절하고 그들의 행위와 패역한 길을 그치지 아니하였으므로 여호와께서 이스라엘에게 진노하여 이르시되 이 백성이 내가 그들의 조상들에게 명령한 언약을 어기고 나의 목소리를 순종하지 아니하였은즉 나도 여호수아가 죽을 때에 남겨 둔 이방 민족들을 다시는 그들 앞에서 하나도 쫓아내지 아니하리니 삿 2:19-21

사사 시대를 요약하면 '각자가 자기 소견에 옳은 대로 살았다'입니다. 누구나 자기 보기에 좋은 대로, 자기 생각에 옳은 대로 살았던 시대입니다. 그래서 타락했습니다. 타락의 본질은 다른 신을 섬기는 것입니다. 하나님을 떠나면 반드시 다른 신을 찾게 되고 그 다른 신에게 절하고 섬기며 악한 길을 계속 가게 됩니다. 이것이 타락입니다. 명심하십시오. 하나님을 떠나면 다른 신에게 걸려듭니다. 하나님을 떠나면 반드시 우상에 사로잡히게 됩니다.

우상이 무엇입니까? 돈이나 권력이나 인기나 명예가 우상입니다. 스포츠나 예술이나 문화에 감춰진 것이 우상입니다. 하나님을 떠나면 이것들이 우상인 줄도 모르고 감쪽같이 속아서 목숨을 걸고 섬깁니다.

하나님은 우리를 깨우기 위해 대적들을 세상에 남겨 두십니다. 하나님은 원래 다 쫓아내라고 하셨지만 여호수아는 그 명령을 지키지 못했습니다. 하나님도 남겨 둔 이방 민족들을 그냥 두셨다고 하십니다. 그리고 그 이유를 알려 주십니다.

이는 이스라엘이 그들의 조상들이 지킨 것같이 나 여호와의 도를 지켜 행하나 아니하나 그들을 시험하려 함이라 하시니라 여호와께서 그 이방 민족들을 머물러 두사 그들을 속히 쫓아내지 아니하셨으며 여호수아의 손에 넘겨 주지 아니하셨더라 삿 2:22-23

우리가 하나님의 뜻으로 분명히 돌이키는지 그렇지 않은지 시험하려고 이방 민족, 즉 우리 인생의 가시와 올무를 남겨 두셨다고 하십니다. 주일에 성경책 들고 다닌다고 돌이킨 것이 아닙니다. 이것은 경건하고 저것은 불경하다고 분류해서 행동을 삼가는 것이 완전히 돌이킨 증거가 아닙니다. 돌이킴이란 내적 태도의 변화입니다. 여전히 내 것, 내 욕망, 내 탐욕을 채워 달라고 기도하고 있다면 아직 돌이킨 것이 아닙니다. 하나님을 돌이키려 하는 것은 종교입니다. 신앙은 나를 돌이키는 것입니다.

하나님의 이름을 부르며 부르짖는 순간 단번에 돌이켜지면 얼마나 좋겠습니까? 그러나 하나님은 우리가 하나님 나라의 거룩한 백성으로 자라 가기를 원하십니다. 이 땅의 문화가 어떠하든, 환경이 어떠하든 완전히 하나님께로 돌이켜 거룩한 백성으로 살기를 원하십니다.

예수님은 이 땅에 사람으로 오셨으나 하나님의 성품을 그대로 지니셨습니다. 이 땅에 왔다고 세상을 좇아 살지 않고 세상과 구별되게 사셨습니다. 비록 몸은 사람으로 낮추셨으나 성품의 수준을 낮추시지는 않았습니다. 존 스토트(John Stott)의 표현을 빌리자면 '하나님의 본질을 잃지 않고 사람들과 같이 사신 것'(Identification without the loss of identity)입니다.

하나님만 바라보면, 십자가만 바라보면, 그 고난의 영광을 바라보면, 기꺼이 좁은 길로 가면, 세상과 구별된 삶을 살 수 있습니다. 하나님이 가나안을 차지한 이스라엘 백성에게 요구한 것이 바로 이런 삶이었습니다. 그러나 그들은 가나안 족속들을 따라 기꺼이 넓은 길을 갔다가 번번이 실패를 맛보았습니다.

본문의 핵심이 무엇이라 생각합니까? 하나님께로 돌이켜

서 거룩한 삶을 살라는 것입니다. 이스라엘 백성은 왜 바알에게 빠졌습니까? 하나님 없이도 잘될 거라고 생각했기 때문입니다. 가나안에서는 가나안의 방식으로 살아야 배불리 먹을 수 있다고 생각했기 때문입니다. 가나안의 방식을 따른다는 것은 곧 농사에 풍년이 들도록 한다는 이방신 바알을 믿겠다는 의미입니다. 아니 더 솔직히 말하면 이방신을 섬기는 것이 훨씬 자극적이고 매력적으로 느껴졌기 때문입니다. 음란한 쾌락으로 이끄는 그 맛을 잊지 못해 자꾸 바알을 모신 신전을 기웃거리는 것입니다.

하나님이 그대로 두셨습니까? 당연히 이방신을 좇다가 망하는 경험을 하게 하셨습니다. 그런데 하나님은 왜 그대로 두지 않고 이렇게 간섭하시는 겁니까? 사실 하나님이 그냥 내버려 두시는 게 가장 무서운 일입니다. 하나님이 그대로 두지 않고 간섭하시는 것은 사랑하기 때문에 돌이키고자 벌하시고 꾸짖으시는 것입니다. 하나님이 우리를 보호하시던 그 손길을 잠시 내려놓기만 해도 큰일이 터집니다. 눈동자처럼 지키시던 그 눈을 들어 먼 산을 바라보는 순간 무서운 일이 터집니다.

사사기의 스토리는 단순합니다. 이스라엘 자손이 여호와의 목전에 악을 행했다, 다시 말해 하나님을 떠나 바알 신을 섬겼다, 그래서 죽도록 고생했다, 고통 속에서 울부짖자 하나님이 불쌍히 여겨 사사를 통해 구원해 주셨다는 것입니다. 그러나 살 만하면 다시 하나님을 떠나 우상에게 갔고 그러면 다시 고통에 처했다가 하나님이 구원해 주시기를 반복했습니다.

하나님은 구원하십니다. 반면에 우상은 속박합니다. '우상에게 넘겨주셨다'는 것은 사실 우상에게 달려가는 것을 안타까운 눈길로 바라보셨다로 표현하는 것이 더 정확할 것입니다. 하나님이 언제 우리가 안 가겠다는데 등 떠밀어 우상에게 보내신 적 있습니까? 언제나 우리가 제 발로 찾아갔습니다. 그런 까닭에 하나님은 제 발로 떠난 길을 돌이켜 다시 돌아오기를 기다리십니다. 우리 스스로 걷어차고 나간 구원의 문이지만 다시 구원의 문으로 걸어서 들어오기를 원하십니다.

세상 방법이 지혜로워 보입니까? 세상의 방법은 하나님의 방법을 못 따릅니다. 하나님의 지혜에 미치지 못합니다. 하나님은 우리더러 세상의 방법에서 돌이키라 하십니다. 한 가지는 분명히 합니다. 세상의 주인은 하나님입니다. 세상의 오너는 하나님입니다. 사업하는 사람은 오너와 직접 상대하고 싶어 합니다. 월급 받는 사장을 상대하면 힘들고, 그 아래 임원을 상대하면 더 힘들고, 그 아래 실무자들을 상대하면 더더욱 힘듭니다. 오너를 직접 만나 그의 입에서 확답을 들으면 일의 진행이 빠르고 쉽습니다.

얼마 전 한 CEO 얘기를 들었습니다. 그는 술도 안 마시고 골프도 안 치는데도 사업을 아주 잘합니다. 그 비결을 묻자, 오너를 직접 만나 비즈니스하는 거랍니다. 오너는 술 마시고 골프 치는 데 관심이 없답니다. 적은 비용으로 확실하게 일해 주면 그것으로 만사형통이라는 것입니다. 그렇게 신뢰를 쌓으니 지금은 가족처럼 지내게 되었다고 합니다. 하지만 아랫사람들을 상대하면 술도 마셔야 하고 골프도 쳐야 하고 뒷돈도 챙겨 줘야 좋아한다고 합니다.

하지만 오너가 아무나 만나 줍니까? 상대하기는 쉬워도 만나기는 하늘의 별 따기만큼이나 힘들고 까다로운 사람이 오너입니다. 저는 이분이 평소 기도하는 분이기에 하나님께서 그런 지혜도 주시고 오너를 만날 기회도 주셨다고 믿습니다. 그렇다면 우리가 하는 모든 염려와 근심은 하나님을 제외시키고 세상 방법으로 계산하기 때문이 아니겠습니까? 로마 교황청에

반기를 든 마르틴 루터(Martin Luther)는 "내 손으로 붙잡고 있을 때는 모두 잃었지만, 하나님 손에 놓아 둔 것은 아무것도 잃지 않았다"고 고백했습니다. 저도 동일하게 고백할 수 있습니다. "예수 믿기 전에 붙들고 있던 것들은 예수 믿고 나서 다 잃었지만, 예수님이 새로 제 손에 쥐어 주신 것들이 너무 귀해 잃어버린 것 하나도 아깝지 않습니다."

하나님의 뜻은 무엇입니까? '거룩하라'입니다. 거룩한 삶을 내팽개친 하나님의 백성을 향한 하나님의 뜻은 무엇입니까? '돌이키라'입니다. 우리는 언제나 구원의 문과 반대 방향으로 나아가기를 좋아합니다. 그런데 복음은 이 구원의 문이 언제나 열려 있다는 소식입니다. 우리가 돌아서는 것이 조건이 아니라 언제나 열려 있다는 것이 조건입니다. 거룩으로 돌이키라는 명령은 분명한 하나님의 뜻입니다. 돌아서는 순간 하나님이 지체 없이 맞아 주십니다. 어디로부터 돌아서야 합니까? 바알 종교로부터입니다. 언제 돌아서야 합니까? 지금입니다. 어떻게 돌아서야 합니까? 주저하지 않고 돌아서면 됩니다. 그게 하나님의 뜻입니다. 돌아섰다가 다시 되돌아서지 마십시오. 그게 하나님의 뜻입니다.

chapter 3

나를 알라

제대로 알면 그 뜻에 순종하는 사랑에 이른다

나를 알라

하나님은 우리에게 거룩하라, 돌이키라 하셨습니다. 사실 누군가의 뜻을 내 마음대로 추측하는 것보다 위험한 일은 없습니다. 숱한 관계가 그렇게 해서 균열이 생기거나 깨어집니다. 그런데 어느 한 사람과 관계 맺는 일이란 참 쉽지 않습니다. 왜 그렇습니까? 잘 몰라서 그렇습니다. 사람들은 익숙한 것은 잘 안다고 생각합니다. 그러나 실상은 상대방도 모르고 자기 자신도 잘 모릅니다.

사람들은 남은 몰라도 자기 자신은 잘 안다고 생각합니다. 과연 그렇습니까? 자기 안의 무의식적인 부분까지 잘 압니까? 무의식적인 습관, 무의식적인 반응, 무의식적인 생각까지 잘 압니까? 사람들은 나 자신은 몰라도 배우자만큼은 잘 안다고 생각합니다. 그런데 과연 그렇습니까? 요즘 황혼 이혼을 하는 사람들이 많은 걸 보면 그렇다고 보기 어렵습니다. 우리는 남도 잘 모르지만 나 자신도 잘 모릅니다.

　사람들은 내가 좋아하는 것은 잘 안다고 여깁니다. 과연 그렇습니까? 한국은행이 지금까지 5만 원권 지폐를 43조 원어치 발행했는데 회수율은 48%도 안 된다고 합니다. 1만 원권이나 1천 원권은 회수율이 90% 이상인데 왜 5만 원권만 이렇게 회수율이 저조할까요? 우리나라 사람들이 5만 원권 지폐를 너무 좋아해서 그렇다고 합니다. 그럼 한 가지 묻겠습니다. 5만 원권 지폐에 5만이라는 숫자나 글자가 몇 개나 있을까요? 아마 대답하기 쉽지 않을 것입니다. 모두 7개입니다. 많은 사람들이 돈을 좋아하지만 이렇게 지폐에 찍힌 문양이나 그림, 숫자까지 알지 못할뿐더러 무엇보다 돈에 대해 잘 모릅니다. 사실 돈 자체를 좋아하는 것이 아니라 돈이 가진 위력과 힘을 더 좋아하기 때문이지요.

우리가 돈을 좋아하지만 정작 돈을 잘 모르고, 가족과 함께 살고 있지만 정작 가족에 대해 잘 모른다면, 과연 하나님은 잘 알겠습니까? 눈으로 확인하고 손으로 만질 수 있는 것도 잘 모르는데 하나님을 어떻게 잘 알겠습니까?

소크라테스(Socrates)는 "나는 내가 아무것도 모른다는 것을 알 뿐이다"라고 말했습니다. 가장 정확한 자기 고백입니다.

오늘날 우리는 하나님을 알기 위해 교회에 모여 예배를 드리고 말씀을 보고 기도합니다. 그러나 한 가지 분명한 사실은 우리가 아무리 알고자 해도 하나님을 다 알 수 없으며, 잘 알기도 쉽지 않다는 것입니다. 우리가 성경을 읽고 또 읽으며, 기도하고 또 기도하는 까닭은 하나님과 하나님의 뜻을 더욱 분명히 알기 위함입니다. 이제 하나님이 그분의 뜻을 알고자 하는 그분의 백성에게 말씀하신 세 번째 명령을 살펴보고자 합니다. 바로 '나를 제대로 알라'입니다.

돌아가야
회복된다

앞에서 사사기 2장 말씀을 통해 이스라엘 백성이 왜 바알 숭배에 빠졌는지를 살펴보았습니다. 그리고 하나님께로 돌아오라, 돌이키라는 명령을 들었습니다. 돌이키는 것이 회개입니다. 그리고 이 회개가 곧 회복의 시작입니다.

호세아는 주전 8세기경 북이스라엘의 여로보암 2세가 통치하던 시대에 활동한 선지자입니다. 호세아는 '여호수아', '예수아', '예수'와 같이 '여호와가 구원이시다'라는 뜻입니다. 호세아 선지자는 참으로 특이한 사역으로 부름 받았습니다.

첫째는 음란한 여인 고멜과 결혼하는 것이었고, 둘째는 둘 사이에서 세 자녀를 낳고 그들에게 심상치 않은 이름을 지어 주는 것이었습니다. 첫째 아들 이스르엘은 '하나님이 뿌리시다'라는 뜻이고, 둘째 딸 로루하마는 '긍휼을 받지 못한다'라는 뜻이며, 셋째 아들 로암미는 '내 백성이 아니다'라는 뜻입니다. 그리고 마지막으로 아내 고멜이 바람이 나서 집을 나갔을 때 아내를 다시 받아 주라는 명령을 받습니다. 호세아는 고멜을 다시 받아들이면서, 우상에 빠져 하나님을 떠난 이스라엘 백성을 바라보시는 하나님의 안타까운 마음을 깨닫게 됩니다. 그리고 하나님의 백성이 하나님을 떠나는 일은 배신이며 영적인 간음인 것도 깨닫습니다.

하나님의 이 안타까운 마음을 안다면 백성이 어떻게 하나님으로부터 돌아설 수 있겠습니까? 호세아는 안타까워하는 하나님의 마음으로 이스라엘 백성을 향해 하나님을 아는 지식을 가지라고 말합니다.

내 백성이 지식이 없으므로 망하는도다 네가 지식을 버렸으니 나도 너를 버려 내 제사장이 되지 못하게 할 것이요 네가 네 하나님의 율법을 잊었으니 나도 네 자녀들을 잊어버리리라 호 4:6

'하나님을 아는 지식이 없으면 망한다, 하나님이 누구신지 모르면 망한다'가 선지자 호세아가 외친 중심 메시지입니다. 구약의 하나님은 율법으로 스스로를 계시하셨습니다. 그래서 율법을 기억하는 것이 곧 하나님을 기억하는 것입니다. 그런데 이스라엘 백성은 우상에 빠져서 율법을 잊고 말씀을 버렸습니다. 말씀을 잊으면 하나님을 잊은 것입니다. 하나님을 잊는 것은 하나님을 거부하는 것이고, 하나님을 거부하는 것은 하나님의 보호의 손길을 스스로 차단하는 것입니다. 부모의 보호에서 벗어나면 거리의 자식이 됩니다. 집을 나와 방황하는 아이들이 악한 자의 손에 붙들리면 이리 맞고 저리 채입니다. 상처투성이가 되는 것입니다. 호세아는 만신창이가 된 이스라엘 백성을 향해 하나님께로 돌아가자고 외칩니다.

> 오라 우리가 여호와께로 돌아가자 여호와께서 우리를 찢으셨으나 도로 낫게 하실 것이요 우리를 치셨으나 싸매어 주실 것임이라 호 6:1

이것이 바로 복음입니다. 하나님께 돌아가면 회복이 있습니다. 치유가 있습니다. 소망이 있습니다.

하나님은 돌아오는 자녀들의 상처를 싸매 주십니다. 하나님은 다시 귀를 기울이는 자녀들에게 말씀하십니다. 하나님은 우리가 무엇을 해서가 아니라 얼굴을 돌리는 것만으로도, 돌이키는 것만으로도 어쩔 줄 몰라 얼싸안고 상처를 싸매 주십니다.

무릎 꿇고 "아버지!" 부르기만 해도 만면에 웃음이 가득하십니다. "저 너무 힘들어요. 이제 어떻게 해야 할지 정말 모르겠어요" 하고 속을 털어놓으면 "네 짐 모두 내려놔. 내가 너를 쉬게 해줄게" 하십니다.

하나님께 돌아가야 회복이 있고 안식이 있습니다. 안식이 회복이고 쉼이 치유입니다. 오랜만에 휴가를 맞아 멀리 떠났는데 여전히 세상 짐을 지고 있으면 휴가라도 쉼이 없습니다. 오히려 더 큰 상처를 입고 돌아올 수 있습니다. 진정한 쉼은 어디로 훌쩍 떠나는 것이 아니라 하나님께로 돌아가는 것입니다. 돌아가서 잠잠히 머무르는 것입니다.

저는 예전에 교통사고로 몇 주간 꼼짝없이 누워 지낸 적이 있습니다. 전신에 깁스를 한 대형 사고였습니다. 허리가 끊어지는 것 같고 등창이 날 지경이었습니다. 그런데 신기하게도 그런 고통 중에도 세포가 다시 살아나고 재생되는 느낌을 받았습니다. 가만 누워 있는데 치유가 일어나고 있다는 느낌을 받았습니다. 하나님 앞에 그냥 잠잠히 머무르십시오. 하나님 말씀을 그냥 앉아서 곱씹어 보십시오. 회복이 일어납니다. 그저 하나님 앞에 잠잠히 머무를 뿐인데 상처를 싸매시고 치료하시고 회복하시는 손길을 느낄 수 있습니다. 이것을 경험하면 믿음이 자라고 신앙이 성숙해집니다.

하나님을
깊이 알라

> 여호와께서 이틀 후에 우리를 살리시며 셋째 날에 우리를 일으키시리니 우리가 그의 앞에서 살리라 호 6:2

하나님의 뜻은 우리를 살리는 것입니다. '이틀 후에 살리고 사흘 후에 일으키겠다'는데 혹시 어디서 들어 본 말씀 같지 않습니까? 이 말씀은 그리스도에 대한 예언입니다. 우리가 돌이키면 어디에서 삽니까? 하나님 앞에서 삽니다. 라틴어로 코람 데오(Coram Deo)입니다. 하나님 앞에서 사는 것이 신앙입니다. 하나님 앞에서 안식을 누리며 사는 것이 신앙입니다.

그런데 우리는 자꾸 하나님 뒤에서 살기를 원하죠. 아담과 하와는 죄를 지은 뒤 부끄러워서 숨었습니다. 하나님 앞에서 살다가 갑자기 하나님 뒤에 숨어 버렸습니다.

"아담아, 아담아 네가 어디 있느냐?"

"내가 두려워 숨었나이다."

신앙은 두려움으로부터 뛰쳐나와 하나님 앞에 서는 것입니다. 하나님을 내 앞에 모시고 사는 것이 신앙입니다.

주일에는 하나님 앞에서 사는 것처럼 살다가 세상에 나가서는 하나님이 없는 사람처럼 사는 것은 하나님의 백성이 아닙니다. 그래서 호세아의 셋째 아들 이름이 '로암미', 즉 '너는 내 백성이 아니다'입니다. 이스라엘 백성이 하나님의 백성으로 살지 않았다는 뜻입니다. 둘째 딸의 이름 로루하마는 '너는 내 은혜와 긍휼을 받지 못할 것이다'란 뜻인데, 영적 간음이 계속되면 그런 인생을 살 것이라는 경고입니다. 그런 점에서 어쩌면 신앙생활은 자꾸 곁눈질하는 바람기를 잡는 것과 같습니다. 하나님을 떠나면 바람나서 집을 나간 신부와 같습니다. 집을 나간 신부는 이리 기웃 저리 기웃거리다 만신창이가 되고 말지요.

눈앞에 계신 주님으로부터 안식을 얻는 것이 주 앞에서 영원히 사는 것입니다. 주의 선하심과 인자하심을 맛보는 것이 여호와의 집에 영원히 거하는 것입니다. 그리스도 앞에 머무르는 것이 영생입니다. 예수께서 바로 이 영생을 알려 주셨습니다.

영생은 곧 유일하신 참 하나님과 그가 보내신 자 예수 그리스도
를 아는 것이니이다 요 17:3

하나님의 뜻은 무엇입니까? 우리가 영생을 얻는 것입니다. 그런데 그 영생은 바로 하나님을 바로 아는 것, 예수 그리스도 를 제대로 아는 것이라고 분명하게 말씀하십니다. 영생을 위해 뭘 하라는 게 아닙니다. 뭘 달라고도 하시지 않습니다. 선행을 행하라고 하신 적도 없습니다. 다만 '나를 알라'고 하십니다. 그리스도를 아는 것이 영생이라고 하십니다. 기억하십시오. 영생은 하나님을 아는 것입니다. 하나님을 제대로 알기 위해 예수님을 알아야 합니다.

이스라엘과 팔레스타인이 교전 중에 있습니다. 그들이 누구 입니까? 그들은 하나님을 알라와 야훼, 즉 유일신으로 믿는 사람들입니다. 그것도 아주 열심히 믿고 섬깁니다. 그들은 상황 과 장소에 상관없이 하루에 다섯 번씩 시간을 정해 두고 기도 합니다. 일하다가도 무릎 꿇고 기도하고, 공항에서 비행기 이

77

착륙을 기다리다가도 무릎 꿇고 기도합니다. 그런 사람들끼리 총부리를 겨누며 잔인하게 전쟁을 하고 있는 것입니다. 그런데 이 둘의 공통점이 있습니다. 바로 예수 그리스도를 믿지 않을 뿐더러 크리스천을 극심하게 탄압한다는 것입니다. 이들이 과연 하나님을 잘 알고 있습니까? 아무리 신앙적 열심이 있어도 하나님을 모를 수 있습니다. 우리 역시 다르지 않습니다. 예수님을 잘 모르면 교회 안에서도 싸우고 십자가 앞에서도 싸우고 기도하다가도 싸웁니다.

호세아 선지자는 거의 울먹이며 하나님을 제대로 알라고 소리칩니다.

그러므로 우리가 여호와를 알자 힘써 여호와를 알자 그의 나타나심은 새벽 빛 같이 어김없나니 비와 같이, 땅을 적시는 늦은 비와 같이 우리에게 임하시리라 하니라 호 6:3

그러므로 우리가 할 일은 그 무엇보다 하나님을 아는 것입니다. 그것도 제대로 아는 것입니다. 여기서 '알다'라는 단어를 통해 히브리인들의 관계에 대한 독특한 사고방식을 엿볼 수 있는데, 그들은 아는 것을 지식을 넘어 전 인격적으로 아는 것으로 이해합니다. 그 대상에 대해 속속들이 아는 것을 가리킵니다. 앞에서 말했지만, 아무리 친밀한 부부 간이라도 서로 잘 알지 못합니다. 서로 잘 알고 충분히 이해하려면 상대에 대한 깊은 관심과 사랑이 있어야 가능합니다. '아는 것'은 바로 사랑과 관심으로 속속들이 아는 것, 전인격적인 앎을 말합니다.

하나님을 아는 지식으로 충만하라

여기서 우리는 '아는 것'에도 단계가 있음을 발견할 수 있습니다.

첫째는 정보의 단계로 듣고 아는 것입니다. 들어서 알기는 하지만 누군지는 모르고 그저 머리로만 아는 관계입니다. 세상 사람들도 예수님을 압니다. 그런데 들어서 알 뿐입니다. 예수라는 이름은 들어서 너무나 잘 아는데 정작 그에 대해서 아는 것은 전혀 없습니다. 여기저기서 들어 알기는 하는데, 그 정보들이 서로 다르기도 해서 오해가 많습니다. 이런 앎은 우리 삶을 변화시키지 못합니다.

둘째는 관심의 단계입니다. 들어 알게 되었는데 그가 한 행적이나 말이 내 마음에 들어와 작은 파동을 일으킨 상태입니다. 그래서 호기심이 생기고 마음이 자꾸 끌립니다. 지속적인 관심을 갖기 시작하면 이미 그 대상은 내게 특별한 존재입니다. 사랑이 싹트는 단계와 같습니다. 생각하지 않으려 해도 자꾸 생각나고 관심 갖지 않으려 해도 자꾸 관심이 가는 것입니다. 그러다 꿈을 꾸기도 합니다.

셋째는 깊은 배려의 단계입니다. 그냥 알고 지내는 관계가 아니라 배려의 단계, 즉 상대방을 우선해서 생각하기 시작하는 단계입니다. 관심의 축이 내게서 상대에게 옮겨지면 나보다 상대가 더 중요해져서 태도가 달라집니다. 존중하게 되고 존경하게 됩니다. 상대방을 점점 더 깊이 배려하다 보면 나 중심에서 벗어나 온전히 상대방 중심으로 생각하기 시작합니다. 이 깊은 배려가 곧 사랑입니다. 사랑한다는 것은 앎의 놀라운 진전입니다. 그런데 이 사랑이라고 하는 감정보다 한 발짝 더 나간 포괄적인 개념이 자비와 인애입니다. 히브리어로 '헤쎄드'(חֶסֶד)라고 합니다. 이 헤세드에는 상대가 누구든지 상관없이 상대를 배려하는 모든 내적 태도가 담겨 있습니다.

앎의 마지막 단계는 순종의 단계입니다. 순종은 뭘 하는 것이 아니라 그리고 내가 특별히 배려하는 것이 아니라 상대에게 온전히 속한 존재가 되는 것입니다. 그러므로 온전히 하나 되는 단계를 뜻합니다. 안다는 것의 완성입니다. 성숙한 관계의 결론입니다. 그리고 이 순종은 실상 내가 그 안에 있고 그가 내 안에 있어서 이뤄지는 합일, 하나 됨의 상태입니다.

이렇듯 '앎'은 정보의 단계, 관심의 단계, 배려의 단계 그리고 순종의 단계로 진행됩니다. 이 네 단계를 통해 우리는 앎의 기초에서 앎의 성장, 앎의 성숙, 앎의 완성으로 나아가게 됩니다.

하나님을 안다는 것도 마찬가지입니다. 오늘날 예수님의 존재를 몰라서 예수님을 믿지 않는 사람은 많지 않습니다. 대부분의 사람들이 예수님을 들어 알고 있습니다. 그러다 어느 순간 예수님이 궁금해지고 생각이 나고 자꾸 끌리는 관심의 단계에 이르게 됩니다. 그렇게 나보다 그분이 더 중요해지고 그분을 기준으로 인생을 살게 되는 배려의 단계로 나아갑니다. 이것이 더 성숙해지면 예수님과 내가 하나 되는 순종의 단계로 나아가는 것입니다. 예수님이 내 안에, 내가 예수님 안에서 하나 되는 놀라운 인생이 시작되는 것이지요. 따라서 진정한 순종은 내가 억지로 태도를 바꾸려고 애쓰지 않아도 자연스럽게 그분의 뜻을 따라 내 몸이 움직여지는 것입니다. 말씀이 곧 삶이 되는 것입니다. 우리 모두는 순종의 단계에 이를 때까지 여호와를 힘써 알아야 합니다.

호세아 선지자는 하나님의 임재를 이렇게 말합니다.

그의 나타나심은 새벽 빛같이 어김없나니 비와 같이, 땅을 적시는 늦은 비와 같이 우리에게 임하시리라 호 6:3

하나님의 임재는 어둠을 밝히는 새벽의 빛과 같고 메마른 땅을 적시는 늦은 비, 작물의 결실을 위해 반드시 필요한 비와 같다고 합니다. 하나님은 새벽녘 어둠을 뚫고 먼동이 떠오르듯이 희망도 없이 깜깜한 우리 인생에 빛으로 임재하십니다. 아무것도 기대할 게 없는 내 인생에 하나님은 늦은 비로 임재하셔서 실한 열매를 맺어 주십니다. 그러므로 우리는 하나님의 임재를 목마른 사슴이 물을 찾듯이 갈급하게 원해야 합니다. 내 마음과 뜻과 정성을 다해 하나님 알기를 원해야 합니다.

호세아와 동시대를 살았던 이사야 선지자를 통해서도 하나님이 거듭 말씀하십니다. 구원이란 다름 아닌 하나님을 아는 지식이 충만해지는 것이라고 말입니다.

이새의 줄기에서 한 싹이 나며 그 뿌리에서 한 가지가 나서 결실할 것이요… 내 거룩한 산 모든 곳에서 해 됨도 없고 상함도 없을 것이니 이는 물이 바다를 덮음같이 여호와를 아는 지식이 세상에 충만할 것임이니라 사 11:1, 9

이사야서를 보면 그리스도에 대한 예언이 곳곳에서 보석처럼 빛납니다. 이사야서 11장 말씀은 예수 그리스도가 이 땅에 오시면 하나님을 아는 지식이 세상에 차고 넘칠 것인데 마치 물이 바다를 덮는 것과 같다고 합니다. 예수님이 오심으로, 예수님이 십자가를 지심으로 하나님을 아는 지식은 다른 차원으로 넘어갑니다. 인간을 향한 하나님의 사랑이 어떠한 것인지를 예수님의 십자가를 통해 우리는 눈으로 직접 보았습니다. 이 사랑은 일찍이 경험해 보지 못한 사랑입니다. 이 사랑은 인간이 서로 나누는 가볍고 쉽게 변질되는 그런 사랑과 전혀 다

룹니다. 우리는 처음으로 십자가를 통해 하나님의 사랑을 직접 보았고 하나님의 사랑이 어떤 사랑인지를 깨달았습니다.

문제는 가벼운
사랑이다

호세아 선지자는 시대를 향한 하나님의 뜻이 무엇인지를 전합니다.

> 에브라임아 내가 네게 어떻게 하랴 유다야 내가 네게 어떻게 하랴 너희의 인애가 아침 구름이나 쉬 없어지는 이슬 같도다 호 6:4

에브라임은 북이스라엘을 지칭하는 이름입니다. 여기서 '에브라임아', '유다야'라고 부르는 것은 북이스라엘과 남유다 전체를 두고 하는 말입니다. 하나님은 이스라엘 백성에게 "내가 너희를 어떻게 사랑했는데 너희는 내게 아침 구름이나 이슬처럼 곧 사라지는 사랑밖에 줄 줄 모르느냐?"고 물으십니다. 그러면서 "이제 내가 너희한테 어떻게 해야겠느냐"고 하나님의 답답한 심정을 내비치십니다.

하나님이 우리를 찾아오지 않아서 우리가 하나님의 임재를 경험하지 못하는 것이 아닙니다. 그분은 문밖에서 서성거릴지라도 우리를 찾고 또 찾으십니다. 그런데 우리의 탐욕과 천박한 사랑이 하나님의 임재를 방해합니다. 주일에 말씀을 들으면 하나님의 임재를 잠깐 경험했다가 집으로 돌아가는 동안 벌써 나의 의와 탐욕이 다시 올라와 하나님을 쫓아냅니다. 이런 생활을 끝없이 반복하며 살고 있지요. 왜 그렇습니까? 인간의 사랑은 작은 고난 앞에서도 변하고 배신하고 흔적도 없이 증발해 버리는 천박한 사랑이기 때문입니다.

우리는 왜 그렇게 쉽게 변할 수밖에 없습니까? 우리의 사랑은 감정에 기초한 것이기 때문입니다. 견고한 지식, 분명한 앎에 기초하지 않기 때문에 해가 뜨면 금세 사라지는 아침 구름이나 이슬처럼 가볍습니다. 다시 말해 하나님이 누구신지 제대로 몰라서 우리의 사랑은 가볍습니다. 더 정확히 말하면 알려고 하지 않습니다. 알려고 하지 않았다는 것은 사실상 사랑하지 않았다는 말이지요. 몰라서 더 깊이 사랑할 수 없고, 사랑이 가볍고 얕아서 더 알려고 하지 않습니다. 하나님이 드디어 마지막 방법을 택하십니다.

그러므로 내가 선지자들로 그들을 치고 내 입의 말로 그들을 죽였노니 내 심판은 빛처럼 나오느니라 호 6:5

완악하고 강퍅한 이스라엘 백성을 어떻게 다뤄야 할까요? 거친 돌을 다듬는 방법은 무엇입니까? 깨고 부수고 갈아야 합니다. 옹이가 많아서 쓰기 어려운 목재는 어떻게 해야 합니까? 자르고 깎고 대패로 밀어야 합니다. 선지자는 바로 그런 역할을 감당하기 위해 부르심을 받은 사람들입니다. 모가 나고 사방에 박힌 옹이를 다듬기 위해 하나님은 메신저를 쓰십니다.

하나님은 심지어 '내가 말로 죽였다, 말로 심판했다'고 말씀하십니다. 이때 하나님의 메신저를 통해 전해지는 말씀은 아무리 아파도 들어야 합니다. 만일 말씀을 듣고 마음이 너무 편해져서 집으로 돌아갔다면 그 설교는 문제입니다. 오히려 말씀을 듣고 불편해서 다시는 교회에 발을 들이고 싶지 않아야 합니다. 하나님은 우리를 깨고 부수기 원하시지, 우리를 어르고 달래서 일시적으로 만족감을 주고 싶어 하지 않습니다. 내게 고통스러울수록 하나님의 뜻이 분명하다는 것을 깨달아야 합니다. 말씀 앞에 내가 죽어야 정말 내가 삽니다. 십자가에서 내가 죽어야 영원히 삽니다.

선지자들은 맞아 죽을 각오로 메시지를 전했습니다. 피가 튀고 뼈가 부러지더라도 하나님의 말씀을 가감 없이 전했습니다. 선지자들의 삶이 그랬습니다. 죄를 죽이고자 하는 하나님의 의지는 확고합니다. 신앙은 살리기 위해 죽이는 역설입니다.

나를 알라
내 목소리를 들으라

하나님은 우리가 하나님을 알아 가는 것을 기뻐하십니다. 하나님을 인정하고 하나님과 대화하고 하나님과 동행하고 하나님께 순종하는 것은 하나님을 아는 데에서 출발하기 때문입니다. 하나님은 우리를 사랑하시되 영원에서 영원까지 사랑하십니다. 인간의 사랑은 오래 가지도 못하고 쉽게 변합니다. 그러나 하나님을 알면 알수록 우리의 사랑은 깊어지고 변하지 않습니다. 오늘 하나님의 분명한 음성을 들으십시오.

나는 인애를 원하고 제사를 원하지 아니하며 번제보다 하나님을
아는 것을 원하노라 호 6:6
For I desire mercy, not sacrifice, and acknowledgment of God
rather than burnt offerings(NIV)

하나님은 인애를 원하십니다. 인애는 친절하고 인자하고 자
애롭고 자비로운 성품입니다. 하나님은 우리가 그런 성품을 가
지기를 원한다고 말씀하십니다. 크리스천의 삶은 하나님의 성
품을 우리 안에서 이루어 가는 삶입니다.

"내가 원하는 것은 네가 가져온 희생 제물이 아니다. 그보다
먼저 네가 나처럼 헤세드의 성품을 회복하기를 원한다. 네가
번제를 자주 드리기보다 나를 이해하고 나의 통찰력을 갖고 나
를 깊이 알아 가는 것을 원한다."

이 말씀은 예배드리는 것이 필요 없다는 뜻이 아닙니다. 예
물 드리는 것이 소용없다는 뜻이 아닙니다. 예배보다, 예물보
다 먼저 할 일은 하나님을 아는 것이라는 뜻입니다. 그분이 무

엇을 좋아하시는지, 왜 내게 동행하자고 하시는지, 왜 나 같은 사람을 사용하길 원하시는지를 먼저 알아야 합니다. 호세아 선지자와 동시대를 살던 미가 선지자의 메시지는 더 직설적입니다.

> 내가 무엇을 가지고 여호와 앞에 나아가며 높으신 하나님께 경배할까 내가 번제물로 일 년 된 송아지를 가지고 그 앞에 나아갈까 여호와께서 천천의 숫양이나 만만의 강물 같은 기름을 기뻐하실까 내 허물을 위하여 내 맏아들을, 내 영혼의 죄로 말미암아 내 몸의 열매를 드릴까 사람아 주께서 선한 것이 무엇임을 네게 보이셨나니 여호와께서 네게 구하시는 것은 오직 정의를 행하며 인자를 사랑하며 겸손하게 네 하나님과 함께 행하는 것이 아니냐 미 6:6-8

하나님의 관심은 처음부터 끝까지 우리가 변화되어 하나님의 성품을 갖는 데 있습니다. 헌금을 많이 하고 헌신과 봉사를 많이 하더라도 인격이 변하지 않는다면 하나님이 원하시는 모습이 아닙니다. 얼마나 변했습니까? 얼마나 열매를 맺었습니

까? 얼마나 하나님 안에서 샬롬을 누리고 있습니까? 하나님의
뜻은 우리가 이 질문들에 자신있게 대답하는 것입니다. 눈물의
선지자 예레미야도 동일한 하나님의 뜻을 전합니다. 하나님의
관심이 어디에 있는지를 분명히 알려 줍니다.

> 사실은 내가 너희 조상들을 애굽 땅에서 인도하여 낸 날에 번제
> 나 희생에 대하여 말하지 아니하며 명령하지 아니하고 오직 내
> 가 이것을 그들에게 명령하여 이르기를 너희는 내 목소리를 들
> 으라 그리하면 나는 너희 하나님이 되겠고 너희는 내 백성이 되
> 리라 너희는 내가 명령한 모든 길로 걸어가라 그리하면 복을 받
> 으리라 하였으나 렘 7:22-23

하나님은 이스라엘 백성을 애굽 땅에서 불러내실 때 번제와
희생 제물을 명령하지 않으시고 먼저 "나를 알라, 내 목소리를
들으라"고 하셨습니다. 하나님을 알면 너희가 내 백성이 되겠
고, 내가 너희의 하나님이 되겠다고 약속하셨습니다.

하나님을 아십니까? 하나님이 어떤 분인지 아십니까? 잘 모
르면 성도가 아니라 교회 다니는 교인일 뿐입니다. 예수님은

우리더러 교회 다니는 사람이 아니라 교회가 될 것을 요구하십니다.

알기 위해 대가를
치르겠느냐

하나님이 오늘 나를 알라, 나를 제대로 알라고 명령하십니다. 거룩하라, 돌이키라고 하셨고 나를 알라고 하십니다. 거룩하다는 것도 내 안의 내적인 태도에서 비롯되고, 돌이키는 것도 내 안의 중심 이동을 가리키고, 아는 것도 내 안에서 일어나는 새로운 이해와 깨달음을 가리킵니다. 이 모든 것이 내 안에서 일어나야 하는 것들입니다. 내 안에서 일어난 변화는 반드시 내 행동을 변화시킵니다. 그러나 내가 행동을 바꾸어야 한다는 강박이 느껴진다면 조심해야 합니다. 그건 성령님이 우리를 인도하시는 것이 아니라 사탄이 우리를 흔드는 것입니다. 기억하십시오. 시기와 경쟁심은 하나님에게서 온 것이 아닙니다.

하나님을 알아 가는 일은 서둘러서 될 일도 아니고 공부해서 배울 수 있는 것도 아닙니다. 착한 일을 많이 해서 될 일도 아닙니다. 내 안에 가득한 내 생각 대신 하나님의 말씀을 묵상하는 일이고, 내 고집을 꺾고 말씀에 순종하기 시작하는 일이고, 내가 기꺼이 대가를 치르기로 결단하는 일입니다.

저는 호세아서 말씀을 묵상하면서 깊이 회개했습니다. 그동안 나는 아내와 자녀들을 알기 위해 대가를 치른 적이 없기 때문입니다. 남편의 의무, 아버지의 의무는 했을지언정 더 많이 알기 위해, 더 깊이 사랑하기 위해 그들을 알려고 하지 않았습니다. 그리고 안다는 것은 기꺼이 희생하는 일이고 기꺼이 대가를 치르는 일임을 확인했습니다. 또 안다는 것에는 시간이 걸린다는 것, 그만큼 인내해야 한다는 것도 알게 되었습니다.

예수님은 하나님을 알려 주기 위해 이 땅에 오셨습니다. 하나님을 알려 주기 위해 기적을 베푸셨고 말씀을 가르치셨고 복음을 선포하셨습니다. 우리는 예수님이 알려 주시는 것을 알기 위해 믿습니다. 알고 믿는 것이 아닙니다. 믿음으로 반응하면 알게 됩니다. 의심 많던 도마에게 예수님은 "너는 나를 본 고로 믿느냐 보지 못하고 믿는 자들은 복되도다"(요 20:29)라고 말씀

하셨습니다. 이 믿음이 우리의 앎을 다음 단계로 반드시 이끌
어 갈 것입니다.

chapter 4

사랑하라

내가 사랑하니 너희도 사랑하라

사랑하라

사랑하는 사람이 뭘 원하는지도 모르고 사랑하는 것보다 안타까운 일이 없습니다. 사장이 뭘 원하는지도 모르고 죽도록 일하는 것보다 어리석은 사원이 없습니다. 하나님이 뭘 원하는지도 모르고 하나님을 위해 충성을 다하는 것보다 위험한 일은 없습니다. 그런 까닭에 우리는 하나님의 뜻이 무엇인지 알기 위해 거듭거듭 확인해야 합니다.

성경을 적어도 한 번이라도 읽었다면 하나님의 뜻을 모른다고 할 수 없습니다. 성경 전체가 하나님의 뜻이기 때문이고 하나님의 말씀 자체가 하나님의 뜻이기 때문입니다. 특별히 신약성경 전체는 이스라엘 역사 속에 흘러온 하나님의 뜻을 너무나 분명하게 보여 줍니다. 누구를 통해서입니까? 예수님입니다. 어디서 보여 주십니까? 십자가입니다. 왜 십자가입니까? 거기에 우리를 향한 하나님의 사랑이 계시되었기 때문입니다.

하나님은 '사랑하라' 명령하십니다. 그냥 '사랑하라'가 아니라 '원수를 사랑하라'고 하십니다.

하나님은 "나 여호와가 거룩하니 너희도 거룩하라" 하셨고, 우리가 일상에서 어떻게 거룩하게 살아야 하는지를 알려 주셨습니다. 그것은 부모를 공경하고, 우상을 버리며, 공동체로 화합하고, 약자를 배려하며, 정직하고, 사회 정의를 추구하며, 이웃을 사랑하는 것입니다. 하나님은 오로지 나 자신의 성공과 행복을 위해 질주하는 삶의 방향을 이 실제적인 거룩으로 돌이키라고 명령하십니다.

"돌아오라, 돌아서라, 돌이키라." 타락을 향해 달려가는 백성에게 돌이키라면서 하나님은 마치 하소연하듯 부탁하십니다. "제발 나를 알라." 이 세상 사람들의 소리 없는 외침이 '나 좀 알아 달라'가 아닙니까? 하나님도 마치 힘없는 사람처럼 부탁하십니다. "제발 내 마음 좀 알아줘!" 하나님의 이 간절한 마음은 예수님이 오심으로써 분명해졌습니다. 그것은 바로 하나님은 사랑이라는 것입니다.

> 하나님이 세상을 이처럼 사랑하사(십자가처럼 사랑하사) 독생자를 주셨으니 이는 그를 믿는 자마다(십자가 사랑을 믿는 자마다) 멸망하지 않고 영생을 얻게 하려 하심이라 요 3:16

십자가 사랑이 무엇입니까? 하나님은 사람들의 악을 선으로 갚으셨습니다. 그리고 우리를 위해 대신 죽기로 하셨습니다. 십자가 사랑은 바로 이런 것입니다.

가장 가깝고도 먼 원수

예수님은 모든 율법을 성취하러 오셨습니다. 율법의 본질은 하나님 사랑과 이웃 사랑임을 가르쳐 주셨습니다. 그런데 과연 당시 이스라엘 사람들이 이 사실을 알지 못했을까요? 적어도 바리새인과 율법학자들은 알았을 것입니다. 문제는 몰라서가 아니라 알아도 그렇게 살지 못할 뿐더러 그렇게 살고자 해도 그럴 능력이 없다는 것입니다. 그런 그들에게 예수님은 하나님의 뜻을 새롭게 해석하며 명령하십니다.

> 또 네 이웃을 사랑하고 네 원수를 미워하라 하였다는 것을 너희가 들었으나 나는 너희에게 이르노니 너희 원수를 사랑하며 너희를 박해하는 자를 위하여 기도하라 마 5:43-44

당연히 우리는 이웃을 사랑하되 원수는 미워해도 되는 줄 알았습니다. 미워해야 마땅한 사람을 미워하는 것은 당연하다고 생각했습니다.

> 사람이 만일 그의 이웃에게 상해를 입혔으면 그가 행한 대로 그에게 행할 것이니 상처에는 상처로, 눈에는 눈으로, 이에는 이로 갚을지라 레 24:19-20

그런데 예수님은 레위기 24장에 기록된 동형동태형((同刑同態刑)을 어떻게 해석하십니까? 동형동태형이란, 한마디로 '눈에는 눈'으로 죄에 대해 형벌을 내리는 것을 말하는데, 이를테면 살인에는 사형을, 절도죄에는 손목을 자르는 것처럼 범죄와 형벌이 같은 처벌을 말합니다. 주전 1700년경에 쓰인 함무라비 법전에서도 이 같은 동형동태형을 발견할 수 있는데, 당시 사람들은 받은 대로 되돌려 주는 것이 사회 정의를 실천하는 방법이라고 생각했던 것 같습니다. 시리아에서는 지금도 이 동형동태형을 처벌 방식의 하나로 사용하고 있습니다.

그런데 예수님은 보복하고 복수하는 증오심을 당연한 것으로 보지 않으시고 오히려 그럼에도 사랑으로 용서하라고 말씀하십니다. 우리의 관계를 완전히 새롭게 규정하시는 것입니다. 예수님은 대체 무엇을 근거로 레위기와 전혀 다른 명령을 하시는 겁니까?

첫째, 예수님은 말씀을 문자 그대로 따르는 것이 하나님의 뜻이 아님을 분명히 하십니다. 지금까지 그렇게 들었고 행했고 가르쳤을지라도 그렇기 때문에 그것이 기준일 수 없다고 하십니다. 하나님께서 이 같은 율법을 주신 것은 우리를 그대로 내

버려 두면 더 큰 보복을 할 것을 염려해서입니다. 우리는 한 대 맞으면 두 대 때리고 싶어 합니다. 비난을 들으면 그보다 더 큰 비난으로 되돌려 주고 싶어 합니다. 우리가 이렇게 사랑이 없는 줄 아시고 하나님은 받은 만큼만 돌려주라고 하신 것입니다. 다시 말해 율법은 적어도 받은 만큼만 돌려주고 서로 사랑하라는 하나님의 안타까운 마음에 기초합니다. 따라서 '눈에는 눈'을 '마땅히 원수를 미워하라'로 이해하면 안 됩니다. 오히려 '내게 해를 끼친 사람이라도 사랑하라'는 뜻으로 이해해야 합니다.

여기서 또 한 가지 발견할 수 있는 것은, 예수님의 이웃에 대한 개념입니다. 누가 이웃입니까? 가족과 친척, 가까이 사는 사람들이 이웃입니다. 그런데 예수님은 더 나아가 원수까지 이웃의 범주에 포함시키십니다. 왜 그렇습니까?

원수는 대개 나와 가까이 지내는 사람들입니다. 가까워서 부딪치고 다투다가 원수가 됩니다. 사실 처음부터 사이가 멀었다면 원수 될 일도 없습니다. 이스라엘과 팔레스타인이 지리적으로 멀었다면 왜 저토록 싸우겠습니까? 일본이 태평양 한가운데 있었다면 우리와 원수 될 일도 없었을 것입니다. 그래서 이웃을 가깝고도 멀다고 하지 않습니까.

그렇다면 원수란 누구입니까? 우리는 원수라고 번역했지만 원래 뜻은 '적대감을 가진 사람'입니다. "당신의 원수는 누구입니까?"라고 물으면 딱히 떠오르는 사람이 없습니다. 그러나 내가 호감을 보이지 않는 사람, 내심 반감을 가진 사람은 꽤 있습니다. 원수란, 이 사람들을 가리키는 말입니다. 더 넓게 본다면 '나하고 친하지 않은 사람'도 포함될 수 있습니다. 이렇게 생각하면 우리의 원수는 훨씬 더 많아집니다.

예수님은 우리가 살면서 피할 수 없는 '멀고도 가까운 이웃', '내가 좋아하지 않거나 미워하는 사람들'이 바로 우리의 이웃임을 가르치십니다. 내 안에서 적의가 꿈틀거리는 사람들이 바로 내가 사랑해야 할 이웃이라고 가르치십니다. 그런데 예수님은 더 나아가 이들을 위해 기도하라고 하십니다. 사랑하기도 어렵지만 기도하기도 어렵기는 마찬가지입니다. 예수님은 왜 그런 사람을 위해 기도하라고 하시는 겁니까?

우리가 그런 이웃을 사랑할 수 없음을 아시기에 먼저 기도하라고 하신 것입니다. 기도하면 꿈틀거리는 적의가 사라집니다. 물론 처음부터 그를 위한 기도가 될 리 없습니다. 그러나 하나님께 그 사람을 향한 나의 미움을 다 쏟는 것부터 기도할 수는 있습니다. "그 인간 좀 혼내 주세요", "죽이고 싶을 만큼 미워요." 이렇게 하루 이틀 기도하다 보면 어느 순간 이상하게 그 사람이 불쌍해지기 시작하더니 어느 날은 눈물이 납니다. 그러다 그 사람도 하나님이 사랑하는 사람이라는 사실을 인정하게 되고, 그러면 그를 향한 하나님 아버지의 안타까운 마음이 이해됩니다. 그리고 이때부터 하나님의 마음으로 그 사람을 위해 기도하게 됩니다.

내 안의 악을 깨뜨리기 위해
원수를 허락하신다

내가 미워한 사람, 도무지 용서할 수 없는 사람을 위해 기도하다가 누가 바뀌었습니까? 바로 내가 바뀌었습니다. 내 안의 미움이 점점 사라지는 대신 하나님의 마음이 점점 커지는 것입니다. 그러면 어느 날 그 사람도 나를 향한 마음과 태도가 달라지는 것을 발견하게 됩니다. 하나님이 그 사람을 만지신 까닭입니다. 너무 밉고 원수 같고 도무지 용서할 수 없는 그 사람을 통해 내가 바뀌고, 나의 기도로 그 사람도 바뀌는 것입니다. 이것이 하나님 아버지의 뜻입니다.

이런 경험이 있습니까? 미워하는 그 사람을 위해 기도했더니 미움이 사라지고 사랑하게 되었다는 간증이 있습니까? 아직까지 그런 경험이 없다면 죄송한 말이지만 아직 크리스천이 아닙니다. 비크리스천, 반크리스천은 아니지만 아직 크리스천은 아닌 미(未)크리스천입니다. 이 미크리스천은 세례 받기 전에 이어령 선생이 자신을 두고 지칭한 말입니다.

일반적으로 사람들은 다른 사람들의 선악에 대해 어떻게 반응합니까? 선을 악으로 갚으면 나쁜 사람이고, 악을 악으로 갚으면 보통 사람이고, 선을 선으로 갚으면 괜찮은 사람이고, 악을 선으로 갚으면 비로소 크리스천입니다. 그러니 악을 선으로 갚는 버릇이 생길 때까지는 내가 아직 미크리스천이구나 생각하면 됩니다.

세상은 악을 선으로 갚는 사람, 진짜 크리스천을 기다립니다. 그런 사람이 진정한 리더이기 때문입니다. 영화 〈명량〉에서 이순신은 악을 선으로 갚는 진정한 리더였습니다. 그는 정작 우리가 싸워야 할 적이 누군지를 알려 주었습니다.

하나님의 뜻이 무엇입니까? 원수같이 생각되는 사람을 사랑하라는 것입니다. 그래야 세상의 악순환이 멈추고 하나님 나라가 임할 수 있기 때문입니다. 그런데 우리의 진짜 원수 사탄은 사랑할 대상이 아니라 싸워야 할 대상임을 잊지 마십시오. 그리고 우리의 진짜 원수는 사탄에 종노릇 하는 바로 나 자신입니다. 그러니까 정작 우리가 싸워야 할 대상은 원수 사탄에 굴복한 나 자신입니다. 실상은 그 반대로 하고 있지요? 진짜 싸워야 할 나 자신은 사랑하면서 사랑해야 할 이웃은 미워하는 것입니다. 예수님은 거꾸로 하라고 말씀하십니다.

우리는 여기서 하나님의 오묘한 섭리를 발견하게 됩니다. 하나님이 나를 위해 내 안에 증오가 들끓게 하는 사람을 허락하셨다는 것입니다.

우리는 흔히 자기 자신이 매우 착한 줄 압니다. 이것이 죄인의 공통점이지요. 그러나 죄인은 착하지 않습니다. 다시 말해 우리는, 나는 선하지 않습니다. 적어도 그 사람보다는 괜찮은 사람이라고 생각합니까? 그런 생각이 든다면 그 사람보다 더 나쁜 사람이라고 생각하면 됩니다. 죄인은 다만 자기 사랑에 몰두하는 사람이며, 자기의 이익과 욕망에 방해가 되는 존재를 못 견뎌 하는 사람입니다. 죄인에게 원수란 다름 아니라 내 이익을 가장 크게 해치는 존재입니다.

하나님은 할 수 없이 죄인의 자기애, 자기 사랑, 자기 몰입을 깨기 위해 원수 같은 사람을 사용하십니다. 무슨 말입니까? 우리 안에 있는 자기 사랑이라는 모질고 질긴 악을 깨뜨리기 위해 하나님은 우리 곁에 원수를 두시는 것입니다. 그러므로 하나님은 우리 밖에 있는 악을 들어서 우리 안에 철옹성처럼 무장한 악을 깨뜨리십니다. 내 안의 악이 산산조각 나야 하나님의 사랑이 흐를 수 있기 때문입니다. 이 사랑이 내 안에서 흐르기 시작해야 하나님의 자녀가 될 수 있기 때문입니다. 하나님은 우리를 자녀 삼기 위해 천사를 보내기도 하지만 더 많은 경우 원수를 허락하십니다. 내 안에 악이 부서지면 원수는 사라집니다. 이 시험을 통과해야 하나님의 사랑이 흐르게 됩니다.

교회에서 원수를 만났습니까? 그 사람을 피해 교회를 떠나고 싶습니까? 그러나 거기서도 다시 원수를 만나게 될 것입니다. 내가 깨져야, 산산이 부서져야 원수는 사라집니다.

사랑의 시작은 하나님 안에 거하는 것

이같이 한즉 하늘에 계신 너희 아버지의 아들이 되리니 이는 하나님이 그 해를 악인과 선인에게 비추시며 비를 의로운 자와 불의한 자에게 내려주심이라 마 5:45

원수 같은 사람들을 위해 기도하고 그들을 용서하고 사랑하면 비로소 하나님 아버지의 아들이 됩니다. 하나님의 자녀가 되면 하나님의 성품이 드러납니다. 하나님의 성품은 악인이든 선인이든 햇빛을 고루 비추시고 때에 맞는 비를 고루 내려 주시는 것입니다. 한마디로 따지고 계산하지 않는 성품입니다. 따지려 들면 왜 따질 게 없겠으며, 계산하려 들면 정산할 게 왜 없겠습니까? 그러나 하나님은 따지지도 계산하지도 않기로 작정하셨습니다. 사랑은 따지지 않고 계산하지 않기 때문입니다. 사랑은 판단을 의지적으로 멈추기 때문입니다.

대개 사람들 사이에 다툼이 일어나는 시점이 있습니다. 예전에는 그렇게 하지 않더니 언제부터인가 따지고 계산하기 시작하는 시점이 옵니다. 할 수만 있다면 지금 돌아가 버리고 싶은데 이제는 돌아갈 수 있는 때를 지났다고 계산하는 시점입니다. 그만두고 싶은데 그만두기에는 너무 아까운 지점까지 왔다는 계산이 자꾸 머릿속에서 꿈틀거립니다. 그래서 다투기 시작하고 소란스러워지기 시작합니다. 따져 보면 내 지분을 계산하기 시작한 것이고, 남들이 내 지분을 인정해 주지 않아 마음이 불편해지기 시작한 것입니다.

반면에 사랑은 처음부터 돌아갈 퇴로를 끊고 갑니다. 돌아갈까 말까를 재고 따지지 않기 위해 출발부터 돌아갈 길을 끊어 버리고 가는 것입니다. 결혼해서 배우자를 끝까지 사랑하는 길은 어떤 길입니까? 돌아갈 곳을 스스로 차단하고 시작하는 결혼입니다. 나는 이제 돌아갈 곳이 없다, 이 사람과 죽는 날까지 같이 가겠다 하면 좋은 가정을 이룰 수 있습니다.

사랑할 수 있을 때 사랑하는 것은 누구나 할 수 있습니다. 사랑할 만할 때 사랑하는 것도 누구나 할 수 있습니다. 어린아이들도 그런 사랑은 할 수 있습니다. 그러나 사랑하기 어려운 사람을 사랑하는 것은 아무나 할 수 없습니다. 누구도 사랑할 수 없는 사람을 사랑하는 것이야말로 하나님의 사랑입니다. 오래오래 참고 기다리는 것이 예수님의 사랑입니다.

너희가 너희를 사랑하는 자를 사랑하면 무슨 상이 있으리요 세리도 이같이 아니하느냐 또 너희가 너희 형제에게만 문안하면 남보다 더하는 것이 무엇이냐 이방인들도 이같이 아니하느냐 마 5:46-47

하나님의 뜻은 사랑하는 것입니다. 그런데 문제는 우리가 사랑하는 사람, 사랑할 만한 사람, 사랑할 이유가 있는 사람을 사랑하는 것을 사랑이라고 여긴다는 것입니다. 아닙니다. 하나님의 사랑은 우리가 사랑할 수 없는 사람, 사랑할 이유가 전혀 없는 사람, 오히려 미워할 수밖에 없는 사람을 사랑하는 것입니다. 그런 사람을 참고 또 참고 견디고 또 견디는 것이 사랑입니다. 그러므로 진정한 사랑은 나로부터 시작되지 않습니다. 하나님으로부터 시작됩니다. 사도 요한이 이 사실을 깨달았습니다.

우리가 사랑함은 그가 먼저 우리를 사랑하셨음이라 요일 4:19

하나님이 우리를 사랑하시는 그 사랑으로 시작해야 진정한 사랑을 할 수 있습니다. 하나님은 사랑이시기 때문입니다. 하나님은 사랑이시기 때문에 사랑할 수밖에 없습니다.

그러면 세상의 악은 무엇이고 심판은 또 무엇입니까? 악이란 하나님의 사랑을 거절하며 그 사랑 밖으로 뛰쳐나가는 것입니다. 죄란 하나님의 사랑이 필요 없다는 태도입니다. 심판이란 사랑이신 하나님께로 돌이키지 않고 더 멀리멀리 가는 것입니다. 요한은 사랑이란 내가 하나님 안에, 하나님이 내 안에 거하는 것임을 깨달았습니다.

하나님이 우리를 사랑하시는 사랑을 우리가 알고 믿었노니 하나님은 사랑이시라 사랑 안에 거하는 자는 하나님 안에 거하고 하나님도 그의 안에 거하시느니라 요일 4:16

요한은 한 발 더 나아가 우리가 하나님을 사랑한다고 하면서, 하나님의 그 사랑 안에 거한다고 하면서 이웃을 미워할 수는 없음을 일깨웁니다. 하나님을 사랑한다면서 형제나 자매를 미워한다면 그건 거짓말이라고 말합니다.

누구든지 하나님을 사랑하노라 하고 그 형제를 미워하면 이는 거짓말하는 자니 보는 바 그 형제를 사랑하지 아니하는 자는 보지 못하는 바 하나님을 사랑할 수 없느니라 요일 4:20

그런데 사실 누구에게나 불편한 사람도 있고 미워하는 사람도 있습니다. 그러니 이 말씀이 참 부담스럽습니다. 그럼에도 우리가 하나님을 사랑하고 믿는다는 사실은 거짓이 아닙니다. 하나님을 사랑하고 믿는 것도 사실이고, 불편하고 싫은 사람이 있는 것도 사실입니다. 그런 점에서 우리는 단지 '성품 공사 중'인 사람들입니다. 그렇기 때문에 서로를 용납하고 참아 줘야 합니다.

"제가 지금 공사 중입니다. 먼지가 나고 소음이 심하니 조심하십시오. 공사 시작한 지 이제 1년 되었습니다. 준공 목표 시기는 앞으로 2년 뒤입니다. 예수님도 제자들을 3년간 데리고 다니시지 않았습니까?"

우리의 등에 이런 문구가 씌어 있다 생각하고 서로 용납하고 용서하기를 힘써야겠지요. 그런데 과연 3년이면 공사가 완료될까요? 그렇지 않습니다. 제자들은 3년간 매일 주님과 함께 먹고 자고 생활했습니다. 일주일에 겨우 한 번 예배드리는 것을 기준으로 따지면 500년은 족히 걸릴 것입니다. 우리 각자는 500년 넘게 걸려야 성품 공사가 완공될 그런 사람입니다. 그러므로 보기만 해도 밉고 같이 있으면 불편한 사람이 있다면 500년이 걸려도 고칠 수 없는 불쌍한 사람이라고 봐주십시오.

500년이라니 너무 깁니까? 기간을 단축시킬 방법이 있습니다. 매일 한 시간씩 시간을 따로 떼어 말씀 읽고 묵상하고 기도하면 됩니다. 그러면 한 70년으로 줄어듭니다. 그래도 생전에 목표 달성은 어렵습니다. 그래서 예수께서 친히 가르쳐 주셨습니다.

네 마음을 다하며 목숨을 다하며 힘을 다하며 뜻을 다하여 주 너의 하나님을 사랑하고 또한 네 이웃을 네 자신같이 사랑하라 눅 10:27

마음과 목숨과 힘과 뜻을 다하면 가능합니다.

사랑할 능력이 없으니
성령을 구하라

그런데 마음과 목숨과 힘과 뜻을 다해 사랑하기가 쉽지 않으니 큰일입니다. 주님은 그래서 "성령을 받으라"고 하셨습니다. 그러면 마음과 목숨과 힘과 뜻을 다해 하나님을 사랑하고 이웃을 사랑할 수 있습니다. 그러므로 이제부터 한 가지만 놓고 기도하십시오.

"제가 예수님을 믿기 시작할 때 이미 성령 받았음을 믿게 해주십시오. 날마다 성령이 충만하게 해주십시오."

그러면 성령 받은 증거는 무엇입니까? 종일 하나님만 생각하는 것입니다. 하나님을 생각하지 않는 것이 더 어렵고 힘들어지는 상태입니다. 그런 상태가 바로 기도이고 예배입니다.

그러므로 하늘에 계신 너희 아버지의 온전하심과 같이 너희도 온전하라 마 5:48

예수님은 우리에게 "사랑하라"고 하신 이유를 여기서 알려주십니다. 하나님이 온전하신 것같이 우리도 온전하기 위함입니다. 그럼 온전하다는 것은 무엇입니까? '온전한'이라는 형용사는 헬라어로 텔레이오스(τέλειος)인데 제물에 흠이 없음을 의미합니다. 또 동물이 다 자란 상태, 사람이 성인이 된 상태, 성숙에 이른 상태를 의미하기도 합니다. 그런 점에서 '온전하라'는 '성숙하라'는 말과 같습니다.

한편, '온전하다'에는 '헌신하다'라는 뜻도 있습니다. 성숙한 사람은 자기중심적인 데서 벗어나 점점 더 공동체 중심적으로 되고 이웃을 더 깊이 배려하게 됩니다. 깊은 배려심과 공동체 지향적인 마음은 나를 포기하는 헌신이 아니고는 가능하지 않습니다. 그런 점에서 '온전하라'는 '헌신하라'는 말과 같습니다.

하나님은 어떤 분입니까? 인간에게 헌신하시는 분입니다. 예수님은 어떤 분입니까? 죄인에게 헌신하신 분입니다. 사랑한다는 것은 헌신하는 것이고, 바른 헌신은 성숙을 가져오며 성숙해지면 온전해집니다. 사랑은 물질과 시간과 생명을 내어 주는 것입니다. 언젠가 다 주는 것입니다. 누가 온전합니까? 예수님입니다. 예수님은 이 온전함을 우리에게 보여 주셨으며, 우리도 이 온전함을 따를 것을 요구하셨습니다.

새 계명을 너희에게 주노니 서로 사랑하라 내가 너희를 사랑한 것같이 너희도 서로 사랑하라 너희가 서로 사랑하면 이로써 모든 사람이 너희가 내 제자인 줄 알리라 요 13:34-35

이 말씀은 예수님의 마지막 부탁이었습니다. 이 말씀을 마치신 뒤 성찬을 베풀고 제자들의 발을 씻겨 주셨으며 십자가를 지셨습니다. 예수님은 우리가 어떻게 사랑해야 하는지를 모두 보여 주신 것입니다.

예수님은 십자가를 지는 것으로 끝내지 않고 부활하셔서 성령을 보내 주셨습니다. 누누이 강조하고 가르쳐 주어도 우리 안에는 서로를 사랑할 능력이 없는 줄 아시기 때문입니다. 성령을 받은 제자들이 어떻게 변했습니까? 누가 큰지를 다투고 세상의 성공을 탐하던 제자들이 당당하게 순교의 길을 걷게 되었습니다. 온전함을 이루게 된 것입니다.

악을 악으로, 욕을 욕으로 갚지 말고 도리어 복을 빌라 이를 위하여 너희가 부르심을 받았으니 이는 복을 이어받게 하려 하심이라 벧전 3:9

수제자 베드로가 내린 결론이 이 말씀입니다. 성령을 받기 전에 베드로는 세상적인 성공을 꿈꾸며 예수님을 따랐고, 그것이 뜻대로 안 되자 다 버리고 고향으로 내려갔습니다. 심지어 죄인으로 종교 지도자들 앞에 선 예수님을 부인했습니다. 그런 베드로가 성령을 받은 뒤 완전히 변해서 인생의 결론을 이렇게 내린 것입니다.

하나님은 아브라함을 불러 복의 근원이 되게 하셨습니다. 이 복이 어떻게 이어진다고 합니까? 악을 악으로, 욕을 욕으로 갚지 않을 때 복을 이어받게 된다고 합니다. 무슨 말입니까? 원수를 위해 기도하라는 말입니다. 그래야 우리에게서 복이 끊어지지 않고 우리를 통해 복이 계속 흐르게 된다는 것입니다. 크리스천이 누굽니까? 결코 복에 목마른 사람, 복이 모자란다고 안절부절못하는 사람이 아닙니다.

예수님은 그러나 마지막 시대가 되면 사람들의 악함이 점점 심해져서 사랑이 식어질 것이라고 알려 주십니다. 복에 더 목마르고 복을 놓고 더 다투는 것이지요.

불법이 성하므로 많은 사람의 사랑이 식어지리라 마 24:12

Because of the increase of wickedness, the love of most will grow cold(NIV)

우리는 누구나 하나님의 뜻을 알고 싶어 합니다. 하나님의 음성을 듣고 싶어 합니다. 그런데 하나님은 이미 다 알려 주셨습니다. 그리고 하나님의 음성을 듣지 못하고 하나님의 뜻을 헤아리지 못하는 사람들을 위해 예수님이 이 땅에 오셔야 했습니다. 예수님은 우리 귀에 "서로 사랑하라"고 들려주기 위해, "원수까지 사랑하라"고 가르치기 위해 십자가를 지셔야 했습니다.

'서로 사랑하라'는 말씀은 알고 보니 '성숙하라'는 의미였습니다. 그런데 다시 듣고 보니 '사랑하라'는 '헌신하라'는 의미였습니다. 새겨들으니 먼저 손해 보라는 말씀입니다. 이렇듯 사랑은 알수록 단순합니다. 이 단순한 것이 어렵게 느껴질 때면 예수님 말씀에 귀 기울이십시오. 더 구체적으로 실천하고 싶으면 바울이 예수님 사랑을 깨닫고 정리한 고린도전서 13장의 사랑장을 당분간 매일 읽으십시오.

원수 같은 사람을 놓고 기도합시다. 이 땅의 모든 교회 공동체가 서로 사랑하는 사랑의 공동체가 되도록 기도합시다.

chapter 5

하나 되라

다름을 품으시는 하나님 안에서 함께하다

하나 되라

무엇이 하나님과 함께하는 삶입니까? 하나님의 뜻을 알고 그 뜻을 따르는 것이 곧 하나님과 동행하는 삶입니다. 우리는 지금 하나님과 동행하기 위해 말씀 가운데 그 뜻을 살피고 있습니다. 하나님의 뜻 안에 머무르는 삶은 무엇입니까? 먼저 거룩한 삶입니다. 나 자신과 세상을 향해 달려가는 발걸음을 하나님께로 돌이키는 삶입니다. 하나님을 알아 가는 삶입니다. 그리고 원수를 사랑하는 삶, 곧 사랑할 수 없는 사람을 인내하는 삶입니다. 이제 다섯 번째 하나님의 뜻은 '하나 되라'입니다.

예수 안에서
하나 되라

　　　　요한복음 17장은 예수님이 공생애 마지막 설

교를 제자들에게 하신 뒤 기도의 자리로 나아가시는 모습을 담고 있습니다. 예수님의 기도는 크게 세 부분으로 이뤄져 있습니다. 먼저 예수님 자신을 위한 기도와 제자들을 위한 기도 그리고 제자들의 전도를 통해 믿게 될 성도들을 위한 기도입니다. 마지막 부분은 예수님을 직접 뵌 적이 없어도 예수님을 믿게 될 우리 모두를 위한 기도입니다. 이 기도에 하나님의 뜻이 담겨 있습니다.

예수님이 먼저 자기 자신을 위한 기도를 드리는 것이 놀랍습니다. 예수님이 제자들에게 가르쳐 주신 주기도문은 먼저 하나님의 이름, 하나님의 나라, 하나님의 뜻을 구하는 기도로 시작되기 때문입니다. 그런데 정작 예수님은 가장 먼저 자신을 위해 기도하십니다. 그러나 그 내용을 살펴보면 놀랄 것이 없습니다. 예수님의 기도는 개인의 욕망과 성취를 위한 기도가 아니라 아버지의 영광을 위한 기도이고 세상에 온 목적, 즉 하나님의 뜻을 이루도록 해달라는 기도이기 때문입니다. 결국 십자가를 지시기 위한 기도입니다.

제자들을 위한 기도에는 그들을 진리로 거룩하게 지켜 달라는 간구가 담겨 있고, 그들이 하나 되게 해달라는 기도에도 만물을 그리스도 안에서 통일하고자 하는 아버지의 뜻이 담겨 있습니다.

> 나는 세상에 더 있지 아니하오나 그들은 세상에 있사옵고 나는 아버지께로 가옵나니 거룩하신 아버지여 내게 주신 아버지의 이름으로 그들을 보전하사 우리와 같이 그들도 하나가 되게 하옵소서 요 17:11

여기서 우리는 한편으로는 삼위일체 하나님을 알 수 있으며, 다른 한편으로는 열두 제자들이 아직 하나 되지 못했음을 알 수 있습니다. 만일 그들이 이미 하나 되었다면 "지금 그들이 하나 된 것을 계속해서 지켜 주옵소서"라고 기도하셨겠지요. 제자들은 예수님 곁에서도 결코 하나 되지 못했습니다. 예수님을 따르겠다고 가족을 버려두고 떠나왔지만 여전히 누가 더 큰가를 다투었습니다. 예수님의 인기가 높아지고 사람들이 열광하면 열광할수록 제자들 사이에는 이상한 기류가 흘렀습니다. 심지어 예루살렘에 입성하면 예수님의 오른쪽, 왼쪽에 앉게 해달라고 각별히 청을 넣는 제자도 나타났습니다.

예수님은 그들이 답답해서 아이를 데려오라 하신 뒤 이 아이처럼 되어야 천국 간다고도 하시고, 누구든지 첫째가 되려면 꼴찌가 되어야 한다고도 하셨으며, 나를 따르려거든 자기를 부인하고 자기 십자가를 져야 한다고도 말씀하셨습니다. 그리고 마침내 마지막 식사를 드시던 중 식탁에서 일어나 허리에 수건을 두르고 제자들의 발을 씻겨 주셨습니다. 예수님이 이렇게까지 하신 목적이 무엇입니까? 제자들이 낮아질 대로 낮아져서 겸손한 모습으로 모두가 하나 되게 하기 위한 것 아닙니까?

그렇다면 예수님은 왜 그렇게 힘써 제자들이 하나 되기를 원하신 것일까요? 하나 되는 것이 왜 중요할까요? 삼위일체 하나님이 셋이면서 하나로 존재하는 것처럼 하나님은 모든 만물이 서로 다르면서도 하나로 존재하기를 원하십니다. 하나님이 하시는 모든 일은 이 하나 됨과 관련이 있습니다. 그렇다면 조금 더 나아가 봅시다. 무한한 우주에서 무엇이 하나입니까? 무수한 별들 사이에서 하나 된다는 것은 무슨 뜻입니까? 지구상에 무수한 생물이 존재하는데 무엇이 하나입니까? 이렇게 많은 인간이 있고 종족이 있고 민족이 있는데 어떻게 하나입니까? 하나라는 말의 본질은 통일성에 있습니다. 온 우주가 하나이며 인류가 하나이고 온 국민이 하나라는 말은 다름 아닌 통일성을 두고 하는 말입니다.

따라서 하나 된다는 말은 세상의 모든 다양성을 통일성 안에 포용한다는 의미입니다. 통일성이란 지극히 다른 것이 공존할 수 있는 것을 말합니다. 결코 획일성을 의미하지 않습니다. 하나님은 그 어떤 것도 획일적으로 하나 되는 것을 원하시지 않습니다. 하나님은 모든 다른 것을 품을 수 있는 분입니다. 그러므로 하나님 안에서만 하나 될 수 있습니다.

예수님이 열두 제자가 하나 되기를 기도하신 것도 마찬가지입니다. 그들의 성격이나 행동이 하나 되는 것을 말하는 것이 아니라 믿음과 성령 안에서 하나 되는 것을 말합니다.

너무 크신 하나님이 받아들이지 못할 다름이란 없습니다. 하나님은 그 어떤 다름도 용납하십니다. 그러므로 나하고 조금만 달라도 못 견디는 너무 작은 우리는 크신 하나님 안에 있지 않으면 더불어 살기가 너무나 힘듭니다.

예전 기자 시절에 들은 얘기입니다. 보통 작은 해외 지사들은 특파원 한 사람이 근무하는 일인 지사이거나 촬영을 담당하는 특파원과 함께 두 사람이 근무하는 이인 지사입니다. 그런데 모 방송국에서 해외 지사에 나간 두 사람이 너무 다퉈서 취재마저 어려워지자 결국 둘 다 본사로 소환됐다고 합니다. 두 사람의 마음만 맞으면 아무 문제없을 이인 지사에서 둘이 싸우느라 일도 못하게 된 것입니다. 요즘 정치인들을 보면 예전에 해외 지사에서 쫓겨난 그 두 사람이 생각납니다. 나랏일을 맡겨 놨더니 정당끼리 싸우느라 볼일을 못 보는 경우가 너무 많아서 하는 얘기입니다. 하기야 예수님이 곁에 있어도 제자들끼리 다퉜는데 예수님이 안 계신 곳에서야 오죽하겠습니까?

나와 다른 것이 매력적이어서 결혼한 부부도 막상 결혼하면 이 다른 것 때문에 얼마나 싸우는지 모릅니다. 상대를 내 쪽으로 끌어당기기 위해 수고하고 애를 쓰느라 그렇습니다. 나처럼 말하고 나처럼 생각하고 나처럼 행동하기를 강요하고 강제합니다. 그러나 그런 일은 절대로 일어나지 않습니다. 불가능하기 때문입니다. 고통스러울 뿐입니다.

하나님은 부부가 하나 되기를 원하십니다. 그런데 이 하나 됨은 남편이 아내가 되고 아내가 남편이 되는 통일성을 의미하는 것이 아닙니다. 예수님 안에서 하나 되는 것을 말합니다. 지극히 다르지만 부부로, 한 가정을 이루는 주체로서 하나 되는 것을 의미합니다. 부부가 하나 될 때 아름다운 결실이 맺어집니다. 바로 새 생명입니다. 그런데 예수님과 상관없이 부부가 하나 되면 큰일입니다. 죄인끼리 하나 되면 더 큰 죄밖에 지을 게 없기 때문입니다. 반드시 예수님 안에서 하나 되어야 합니다.

하나님은 예수님을 중심으로 통일성(unity)을 추구하십니다. 그러나 인간은 자기를 중심으로 획일성(uniformity)을 추구합니다. 그래서 인생이 고통스럽습니다.

전도는 예수님 안에서
하나 되는 것

내가 비옵는 것은 이 사람들만 위함이 아

니요 또 그들의 말로 말미암아 나를 믿는 사람들도 위함이니 아버지여, 아버지께서 내 안에, 내가 아버지 안에 있는 것같이 그들도 다 하나가 되어 우리 안에 있게 하사 세상으로 아버지께서 나를 보내신 것을 믿게 하옵소서 요 17:20-21

예수님은 제자들이 전도해서 예수님을 믿게 된 사람들도 모두 하나 되게 해달라고 기도하셨습니다. 우리는 여기서 예수님의 신비를 발견할 수 있습니다. 그 신비는 곧 '아버지께서 내 안에, 내가 아버지 안에 있다'는 사실입니다. 예수님 안에 하나님이 계시고 하나님 안에 예수님이 계신다는 말을 우리는 잘 이해하지 못합니다. 그러나 이 신비가 신앙의 본질입니다. 예수님이 '하나님 아버지께서 내 안에, 내가 아버지 안에'라고 하신 것과 마찬가지로 우리 또한 '예수님이 내 안에, 내가 예수님 안에' 있는 것이 신앙의 본질입니다. 중요한 것은 이때 비로소 성도와 성도가 하나 된다는 사실입니다. 그리고 크리스천이 하나 될 때 세상이 예수님을 믿게 됩니다.

순서를 보십시오. 제자들이 먼저 하나가 됩니다. 제자들을 통해 예수님을 믿게 된 사람들도 하나가 됩니다. 그랬더니 세상이 '예수님은 하나님의 아들이다', '예수님은 하나님이 이 땅에 보내신 분이다'라는 사실을 믿게 된다는 것입니다.

여기서 전도의 방법과 목적은 하나라는 것을 깨닫습니다. 전도의 방법은 먼저 믿는 사람들이 하나 되는 것이고, 전도의 목적은 크리스천이 하나 되는 것을 통해 예수님이 전해지며, 믿는 사람들이 믿지 않는 사람들과도 결국 하나 되는 것입니다. 그렇다면 전도가 안 되는 이유는 무엇일까요? 믿는 사람들이 하나 되지 못하기 때문이지요. 예수님을 믿는다는 사람들이 서로 갈등하고 다투고 헤어지면서 예수님을 어떻게 전할 수 있겠습니까?

그런데 우리가 하나 되기만 하면 예수님이 전해집니까? 군대가 일사불란하면 예수님이 전해집니까? 조직폭력배들이 하나로 뭉치면 복음이 전해집니까? 부부가 하나 되어서 재미나게 살면 전도가 저절로 됩니까? 물론 그런 하나 됨을 통해서 예수님이 전해지는 것은 아닙니다. 악한 세력이 똘똘 뭉쳐 하나 된다고 해서 그 일로 하나님이 드러나지는 않습니다. 몇몇 사람이 자기들끼리 좋아서 아무리 자주 만나고 뭉쳐도 그게 하나님 나라는 아닙니다.

그러면 예수님이 하나 되도록 해달라는 기도의 목적은 무엇입니까? 예수님 없이, 사람들끼리 하나 되어야 소용이 없습니다. 예수님이 빠진 채 하나 되면 오히려 위험합니다. 예전에 육사 11기 졸업생을 중심으로 하나회를 만들어서 하나 되었지만 그 목적이 군대 안에 특정 세력을 규합하는 것이어서 많은 물의를 빚지 않았습니까? 이렇듯이 예수님 없이 사람들이 모여 하나가 되면 그 세력을 확장하기 위해 누군가를 억압하고 박해하고 심지어 살해하는 위험한 일이 벌어집니다.

유대 종교 지도자들도 모두 하나가 되었습니다. 바리새인과 사두개인들은 교리의 차이로 하나 될 수 없는데도 예수님을 책잡기 위해 하나가 되었습니다. 로마의 지배를 놓고 입장이 서로 반대되는 바리새인과 헤롯당원들도 예수님을 대적하기 위해 하나가 되었습니다. 그들은 예수님을 못 박는 데 하나가 되었습니다. 이렇듯 하나 되어서 오히려 누군가를 고립시키고 적대시하는 일은 주변에서 흔히 보고 겪는 일입니다.

사실 정치는 나를 중심으로 하나 되게 하는 일입니다. 내 편이 많아서 나를 중심으로 하나 된 숫자가 많으면 집권하는 것이고 나라를 다스리는 것입니다. 그래서 권력을 장악하기 위해 누군가를 중심으로 하나 된다는 것은 필연적으로 다수를 목표로 삼으며 결과적으로 소수를 고립시킵니다. 그 하나 됨은 우호 세력을 강화하고 적대 세력을 약화시키는 것이 궁극적인 목적입니다.

그런데 예수님은 이런 하나 됨을 말씀하신 게 아닙니다. 예수님 안에서 하나 되기 위해서는 반드시 우리가 해야 할 일이 있습니다.

> 내가 아버지의 계명을 지켜 그의 사랑 안에 거하는 것같이 너희도 내 계명을 지키면 내 사랑 안에 거하리라 요 15:10

하나님의 계명, 즉 하나님의 말씀을 지키면 그분의 사랑 안에 거하는 것이고 예수님의 말씀을 지키는 것이 예수님의 사랑 안에 거하는 것이며, 그분의 사랑 안에 거하는 사람들이 하나 된 것이 교회라는 것입니다. 그래서 교회란 사랑 공동체이기도 하고 그분의 말씀으로 살아 내는 말씀 공동체이기도 합니다.

우리가 마음만 먹으면 하나님 안에 거할 수 있습니까? 아닙니다. 예수님이 아버지와 하나 되는 방법을 가르쳐 주십니다.

"나는 아버지의 계명을 지켰다. 그래서 아버지의 사랑 안에 거한다." 그래서 이렇게 말씀하실 수 있는 것입니다.

나와 아버지는 하나이니라 요 10:30

예수님의 결론은 이런 것입니다.

"내 계명을 지키는 자라야 내 아버지를 사랑하는 자이고 내 아버지를 사랑하는 것이 내 아버지 안에 거하는 것이다."

부모를 사랑하는 사람은 부모님의 말씀을 기억하고 부모님이 들려주신 대로 행합니다. 아내나 남편을 사랑하는 사람은 배우자가 부탁한 말을 기억하고 그 말을 무시하지 않고 행합니다.

엄마가 아이에게 약국에 가서 약을 사 오라며 병원 처방전과 함께 아이의 손에 1만 원을 쥐어 주었습니다. 그런데 아이는 심부름 가는 길에 게임방이 눈에 띄자 아무 생각 없이 들어가서 엄마가 준 돈을 다 써 버렸습니다. 어떻습니까? 아이는 부모의 말을 따르지 않았고 부모를 사랑한 것도 아니며 자녀로서 부모와 하나 되지도 못했습니다. 그러나 그 아이가 만약 심부름을 기꺼이 마치고 부모의 칭찬을 들었다면 그 아이는 부모를 사랑한 것이고, 사온 약으로는 엄마의 병이 낫고 모두가 소중한 한 가족임을 서로 확인했을 것입니다. 이렇게 서로 사랑하는 아름다운 가정의 모습을 보며 주변의 젊은이들이 나도 결혼해서 저런 가정을 이뤄야겠다고 생각한다면 그것이 바로 가정의 가치를 전도하는 일이 되겠지요. 마찬가지로 도저히 하나 될 수 없는 사람들이 모여 하나가 된 우리의 모습으로 인해 누군가가 그 삶을 도전 받는 것, 이것이 바로 전도입니다.

예수님은 요한복음 17장 말씀을 통해 어떻게 전도해야 하는지를 알려 주셨습니다. 전도는 먼저 성도들이 예수님 안에서 하나 되는 일이고, 예수님 안에서 하나 된 사실을 통해 예수님이 전해지는 사건입니다. 내가 예수님과 하나 되고 당신이 예수님과 하나 되고 그래서 우리가 예수님 안에서 하나 되면 예수님을 모르는 사람들도 예수님 안으로 들어와 우리와 하나 되는 것, 이것이 바로 하나님의 뜻입니다. 그런데 그 하나님의 뜻을 이루기 위한 첫 단추가 말씀을 알고 말씀대로 행하는 것입니다. 그리고 마지막 단추는 다름 아닌 십자가입니다.

십자가 외에는
없다

> 내게 주신 영광을 내가 그들에게 주었사오니 이는 우리가 하나가 된 것같이 그들도 하나가 되게 하려 함이니이다 요 17:22

지금 예수님은 자신의 영광을 누구에게 주었다고 말씀하십니까? 그들은 누굽니까? 제자들을 통해서 예수님을 믿게 될 사람들입니다. 우리처럼 누군가의 전도로 크리스천이 된 사람들입니다. 예수님은 지금 우리에게 예수님의 영광을 주셨다고 말씀하십니다. 그런데 시제가 맞지 않습니다. 예수님이 지금 우리에게 뭘 주실 수 있습니까? 우리가 지금 예수님으로부터 뭘 받을 수 있습니까? 예수님이 예수님의 영광을 우리에게 주셨고 우리가 그 영광을 받았다고 말씀하십니다. 이 또한 신앙의 신비요 본질입니다. '예수님이 내 안에, 내가 예수님 안에 있는 것'이 신앙의 제1원칙이라면 '예수님이 주신 영광의 십자가로 우리가 하나 되는 것'이 신앙의 제2원칙입니다.

자, 여기서 영광이 무엇입니까? 복음서에서 모든 영광은 십

133

자가의 영광이고 이 영광 자체가 곧 십자가입니다. 예수님은 이 기도를 시작하면서 줄곧 십자가의 영광을 보셨습니다.

> 예수께서 이 말씀을 하시고 눈을 들어 하늘을 우러러 이르시되 아버지여 때가 이르렀사오니 아들을 영화롭게 하사 아들로 아버지를 영화롭게 하게 하옵소서 요 17:1

십자가가 무엇인지를 분명하게 보여 주는 말씀입니다. 십자가란 아버지가 아들을 영광스럽게 하고 아들이 아버지를 영광스럽게 하는 것입니다. 십자가는 예수님이 우리를 영광스럽게 해주신 것이며 우리가 예수님을 영광스럽게 하는 것입니다. 세상에 이보다 더 큰 영광은 없습니다. 세상에 십자가보다 더 예수님을 영광스럽게 하는 것은 없습니다. 십자가 아닌 다른 영광이 있었다면 예수님이 우리에게 그걸 보여 주셨을 것입니다. 그러나 예수님은 십자가를 보여 주셨고, 우리 각자가 져야 할 십자가 외에 요구하시는 것은 없습니다. 그리고 그 십자가의 목적을 밝히 알려 주십니다. 그 십자가를 통해 크리스천이 하나 될 것이고 십자가를 지고 가는 크리스천들을 통해 믿지 않는 자들과도 하나 될 것입니다.

모든 일은 하나 됨에서 시작된다

인생에서 가장 힘든 일이 무엇일까요? 제 경우에는 부부가 하나 되는 일입니다. 우리 부부는 달라도 너무 다릅니다. 대개 모든 부부가 그렇듯이, 우리 부부는 좋아하는 것, 생각하는 것, 불편한 것, 어느 것 하나 다르지 않은 것이 없습니다. 그러니 결혼 초기에 얼마나 힘들었겠습니까?

하지만 연애할 때는 이 다름 때문에 서로 매력을 느꼈습니다. 내게 없는 그 무엇을 가진 아내가 얼마나 매력적이었는지 모릅니다. 그러나 결혼하는 순간, 이 다름 때문에 힘이 듭니다. 매사에 내 뜻을 거부하고 내 기준을 존중해 주지 않는 것이 나를 무시하는 것 같아 화가 납니다. 서로가 상대방을 내 쪽으로 끌어오기 위해 죽을힘을 다합니다. 그런데 내 쪽으로 끌려왔습니까? 시간이 흐를수록 절망적입니다. 대개 부부는 이때 '여기서 그만 끝내자. 할 만큼 했지만 더 이상은 못하겠다'고 생각합니다. 이런 생각을 한 번도 해보지 않았다면 그 부부는 성자들입니다.

그러나 사실 이때가 은혜의 때입니다. 이때가 예수님이 우리 곁에서 부르시는 때입니다. 이때가 우리가 예수님께 도움을 청해야 할 때입니다.

"예수님! 우리 둘이 죽어도 하나 될 수 없습니다. 예수님 도움 없이는 더 이상 못합니다. 항복입니다."

둘 중 어느 누구도 상대로부터 무슨 수로도 백기 투항을 받아낼 수 없을 때가 두 사람이 동시에 예수님께 항복하고 도움을 구할 때입니다. 우리는 이런 항복을 흔히 내려놓는다고 표현합니다. 배우자를 내려놓아야 우선 내가 삽니다. 달라도 너무 다른 사람을 내려놓아야 쉴 수 있습니다. 내가 어쩔 수 없다는 것을 인정해야 비로소 하나 됨의 길이 열립니다. 그 사람을 내 힘으로 어떻게 해보겠다고 생각하는 동안은 무슨 방법으로도 하나 되는 것이 불가능합니다. 사람을 내려놓는다는 것은 그 사람을 더 이상 내 쪽으로 끌어오려 하지 않겠다는 의미입니다.

다른 사람을 나처럼 만들려는 것은 권력 의지입니다. 권력

의지는 죄인들의 원초적인 의지로서 반드시 상대와 예외 없이 충돌을 일으킵니다. 만일 어떤 수단과 방법으로라도 기어이 상대를 내 쪽으로 끌어온다면 그것은 상대에게 돌이킬 수 없는 상처를 남기게 됩니다. 반면에 사랑은 어떻습니까? 사랑은 무엇보다 다른 사람을 나처럼 만들려고 하지 않는 마음의 태도와 결정을 전제로 합니다. 그래서 사랑은 스스로 권력 의지를 꺾습니다. 고통스럽지만 내게 있는 힘을 내려놓습니다. 오히려 내가 먼저 무장 해제합니다. 그 결과 사랑은 자연스럽게 화합을 이룹니다.

곧 내가 그들 안에 있고 아버지께서 내 안에 계시어 그들로 온전함을 이루어 하나가 되게 하려 함은 아버지께서 나를 보내신 것과 또 나를 사랑하심같이 그들도 사랑하신 것을 세상으로 알게 하려 함이로소이다 요 17:23

세상이 하나 되게 하시려는 예수님의 계획에 나타난 순서와 목적을 보십시오. 제일 먼저 "'내가 그들 안에 있을 것이다', 그러면 '그들은 온전해지고 성숙해질 것이다', 그리고 '그들이 성숙해지면 비로소 하나가 될 것이다', 그러면 '내가 그들을 세상 속으로 보낼 것이다', 그러면 '하나님 아버지가 나를 사랑하셔서 나를 보내신 것과 같이 그들도 내가 그들을 사랑해서 세상 속으로 보낸 것을 알게 될 것이다'"라고 말씀하십니다. 예수님은 사랑하기 때문에 우리 안에 오셔서 우리와 하나 되셨고, 우리를 세상 속에 보내셔서 세상 사람들이 예수님 안에서 서로 하나 되게 하실 것임을 알려 주셨습니다.

다시 묻겠습니다.

"예수님이 당신 안에 계십니까?"

만일 "예수님이 내 안에 계신지 안 계신지 잘 모르겠습니다"라고 대답한다면 그것은 안 계신 것입니다. 누가 "결혼했습니까?"라고 묻는데 "내가 결혼을 했는지 안 했는지 모르겠습니다"라고 대답하는 사람이 있습니까? 이 말은 내게 아내(남편)가 있는지 없는지 모르겠다고 하는 것과 같은 말입니다. 그러면 배우자가 없는 것입니다. 분명하게 대답할 수 있는 것을 모르겠다고 하면 없는 것입니다.

그러나 만일 "예수님의 말씀이 내 안에 있습니다"라고 대답한다면 그것은 당신 안에 예수님이 계신 것입니다. 말씀을 기억하게 하시는 분이 성령님입니다. 자꾸 말씀이 생각난다면 성령님이 우리 삶을 인도하고 계신 것입니다. 그러면 그 말씀이 우리를 성숙하게 빚어 갈 것입니다. 우리가 성숙하면 성숙할수록 하나 될 것입니다. 아내와 남편이 성숙해지면 비로소 부부가 하나됩니다. 어머니와 아버지가 성숙해지면 가정이 하나 됩니다. 리더가 성숙해지면 공동체는 하나 됩니다.

이렇게 하나 되게 하려는 목적이 무엇이라고 하십니까? 하나님 아버지께서 예수님을 보내신 것과 또 예수님을 그토록 사랑하신 것과 마찬가지로 우리를 세상으로 보내서서 그들도 사랑한다는 것을 알게 하시겠다는 것입니다. 그 모든 일의 시작이 우리의 하나 됨에서 비롯된다는 것입니다. 사도 바울은 이 하나 됨을 힘써 지켜야 할 이유를 강조합니다.

몸이 하나요 성령도 한 분이시니 이와 같이 너희가 부르심의 한 소망 안에서 부르심을 받았느니라 주도 한 분이시요 믿음도 하나요 세례도 하나요 하나님도 한 분이시니 곧 만유의 아버지시라 만유 위에 계시고 만유를 통일하시고 만유 가운데 계시도다 엡 4:4-6

십자가를 통해 하나 됨의 성숙을 이루라

바울은 특히 우리가 하나 되어서 무엇보다 먼저 해야 할 일을 깨달았습니다.

> 우리가 다 하나님의 아들을 믿는 것과 아는 일에 하나가 되어 온전한 사람을 이루어 그리스도의 장성한 분량이 충만한 데까지 이르리니 이는 우리가 이제부터 어린아이가 되지 아니하여 사람의 속임수와 간사한 유혹에 빠져 온갖 교훈의 풍조에 밀려 요동하지 않게 하려 함이라 엡 4:13-14

크리스천이 하나 되어서 가장 먼저 해야 할 일은 사역이 아닙니다. 가장 먼저 예수님을 아는 일과 제대로 믿는 일에 하나 되어야 합니다. 여기서 무엇을 아는 일에 하나 되어야 합니까? 내 생각, 내 뜻으로 하나 되는 것은 권력의 길이요, 죄인의 길이요, 말할 수 없는 고통의 길입니다. 하나님의 생각, 하나님의 뜻 안에서 하나 되는 것이 중요합니다. 바울은 이어서 예수님이 하신 말씀을 되풀이합니다. 예수님 잘 믿고 잘 아는 사람은 온전한 사랑을 이룬다, 역시 성숙해진다는 의미입니다. 한마디 덧붙입니다. 그리스도의 장성한 분량이 충만한 데까지 이른다는 말은 그리스도께서 보여 주신 성숙함까지 이르러야 한다는 말입니다.

결국 그 성숙함이란 다름 아닌 십자가의 성숙을 말합니다. 십자가에서 성숙한 사람은 어떤 사람일까요?

첫째, 때를 분별하는 지혜로운 사람입니다. 아무리 좋은 소리라도 술 취한 사람에게는 소용이 없습니다. 아무리 좋은 충고라도 화가 나 있을 때는 소용이 없습니다. 속을 털어놓는 얘기는 말귀를 알아들을 수 있을 때 조용히 나눠야 합니다. 손님이 왔을 때는 손님으로 대접하는 것이 먼저지요. 손님 왔다고 잔치가 벌어졌을 때는 조용히 지켜보는 것이 상식이요 예의입니다. 때를 분별하고 때에 맞는 얘기를 할 줄 아는 것이야말로 성숙한 신앙인의 모습입니다. 침묵해야 할 때 침묵할 줄 알고 말해야 할 때 말할 줄 아는 것이야말로 진정한 신앙인의 모습입니다.

둘째, 진리가 아닌 것을 포용할 수는 없지만 진리 아닌 것을 믿는 사람들만은 포용하는 너그러운 사람입니다. 다른 종교인들까지 불쌍히 여기는 마음, 그 사랑을 잃으면 다 잃는 것입니다. 우리는 진리 아닌 것과 하나 될 수 없습니다. 그러나 진리가 아닌 것을 진리로 알고 살아가는 사람들과는 하나 되기 위해 나 자신을 내려놓을 수 있어야 합니다. 그 길은 예수님과 먼저 하나가 되지 않고는 불가능합니다. 예수님을 믿는 사람들이 예수 안에서 하나 되지 않고는 불가능합니다. 바울이 그래서 먼저 사람들과 공감하라고 권면합니다.

> 너희를 박해하는 자를 축복하라 축복하고 저주하지 말라 즐거워하는 자들과 함께 즐거워하고 우는 자들과 함께 울라 롬 12:14-15

로마 가톨릭은 과거 역사에서 그렇게 하지 않았습니다. 수많은 개신교도들을 핍박하고 살해했습니다. 지금 종교 간의 화해와 일치를 말하지만 과거에 가톨릭은 가장 강력한 권력과 부의 상징이었습니다. 예수님은 그 끔찍한 종교를 위해 오시지 않았습니다. 그 종교로부터 우리를 구원하러 오셨습니다. 종교인들의 하나 됨이 얼마나 부질없는 것인지를 선포하러 오셨습니다. 그래서 예수님은 우리를 성전으로부터 해방시키셨고 단지 형식으로 전락하고 만 예배로부터 해방시키셨으며 죄의 삯인 죽음으로부터 우리를 해방시키셨습니다.

예수님은 즐거워하는 자들과 함께 즐거워하셨고 우는 자들과 함께 우셨습니다. 이것이 그리스도 안에서 하나 된 자들이 그리스도 밖에 있는 자들과 하나 되는 지혜입니다. 나를 싫어해서 나와 눈도 마주치기 싫어하는 사람과 어떻게 하나 될 수 있습니까? 함께 즐거워하고 함께 울어 주는 것입니다. 진리 밖에 있는 사람들과 말씀 안에서 하나 되기 위해 고민하고 씨름하는 것이 바로 크리스천의 소명이요 삶입니다.

chapter 6

기뻐하라

예수님께 나를 내어 드릴 때 누리는 안식

기뻐하라

행복과 성공을 목표로 살아가는 우리를 향해 하나님은 "나 여호와가 거룩하니 너희도 거룩하라!"고 하십니다. 또 너 자신을 향해 질주하지 말고 내게로 "돌이키라!"고 하십니다. 돌이키는 것이 살 길이기 때문입니다. 하나님은 "나를 알라!"고 하십니다. 하나님을 모른 채 열심을 내는 것보다 위험한 게 없으며, 하나님을 아는 것이 지혜의 근본이기 때문입니다. 그리고 하나님은 그리스도 안에서 사랑하고 서로 하나 되라고 명령하십니다. 예수님 없이 사랑하고 하나 되는 것은 세상을 위협하는 무기가 될 수 있습니다. 반드시 예수님 안에서 사랑하고 하나 되어야 합니다.

어느 날 하나님의 뜻으로 빨려 들어간 인생을 살았던 사람이 바울입니다. 바울이 예수님을 만나고 나서 깨달은 하나님의 뜻은 무엇일까요?

항상 기뻐하라 쉬지 말고 기도하라 범사에 감사하라 이것이 그 리스도 예수 안에서 너희를 향하신 하나님의 뜻이니라 _{살전 5:16-18}

하나님의 뜻이 무엇인지를 찾고자 할 때 이 말씀을 반드시 기억하기 바랍니다. 바울이 발견한 하나님의 뜻은 기뻐하라, 기도하라, 감사하라입니다.

가짜가 주는
불완전한 기쁨

"항상 기뻐하라!" 이 명령에 선뜻 동의가 됩니까? "네!" 하고 단번에 동의가 됩니까? 사실 살다 보면 항상 기뻐하기란 어려운 것이 아니라 불가능합니다. 때로 기쁜 일이 있지만 기쁘지 않을 때가 비교할 수 없이 많지요. 또 실제로 기쁘지 않은데 어떻게 기쁜 얼굴을 합니까? 그렇다면 대체 기뻐하라는 하나님의 명령과 기뻐할 수 없는 현실의 간격을 좁히는 방법은 무엇입니까? 그런데 바울은 이 명령을 데살로니가에 있는 성도들뿐만 아니라 빌립보 교회 성도들에게도 전합니다.

주 안에서 항상 기뻐하라 내가 다시 말하노니 기뻐하라 빌 4:4

이 말씀에 우리가 늘 기뻐할 수 있는 비결이 나와 있습니다. 그것은 주님 안에 있는 것입니다. 우리 노력으로는 기뻐할 수 없지만 그리스도 안에 있으면 항상 기뻐할 수 있다는 것입니다. 왜 이것이 가능할까요? 하나님께서 우리를 기뻐하는 존재로 지으셨기 때문입니다.

놀이터에서 놀이에 빠진 아이의 얼굴은 어떻습니까? 아이의 얼굴에는 기쁨과 만족감이 가득합니다. 그러나 매를 든 어른 앞에 선 아이의 얼굴엔 걱정과 슬픔이 가득합니다. 아이는 어디에 있느냐에 따라 이렇게 다른 표정을 짓습니다. 기쁨은 엄마 품에 안겨 있는 갓난아기가 아무것도 하지 않아도 만족해하는 상태를 말합니다. 엄마 품 안에서 온전히 안식하고 있는 상태가 기쁨입니다. 우리도 마찬가지입니다. 세상 속에서는 그럴 수가 없지만, 주님 안에 있으면 항상 기뻐할 수 있습니다.

세상 안에 있으면 염려가 끊이지 않지요. 먹고사는 일에 매여 있으면 걱정하지 않을 수 없습니다. 돈 걱정, 자녀들 걱정, 건강 걱정… 온통 걱정할 일밖에 없습니다. 그래서 세상 사람들은 걱정거리에서 벗어날 방법을 찾고 또 찾습니다. 뭐 재미있는 일 없느냐고 묻고 또 묻습니다.

하나님을 믿건 믿지 않건, 사람들은 사실 누구나 기뻐하며 살고 싶어 합니다. 그런데 우리는 언제부터인가 기쁨을 행복으로 바꿔서 얘기하기 시작했습니다. 많은 사람들이 왜 사느냐고 물으면 행복하기 위해 산다고 대답합니다. 기뻐하며 살고 싶다는 내면의 깊은 갈망을 행복하게 살고 싶다는 외적인 삶의 조건으로 이해하게 된 것이지요. 그런데 행복은 무엇이며 행복하게 사는 것은 어떻게 사는 것입니까?

사람들은 어떤 조건이 충족되면 행복할 것이라고 생각합니다. 돈이 많으면, 권력을 쥐면, 명예를 얻으면, 직장이 생기면,

인기가 오르면, 결혼을 하면… 끝없는 행복의 조건들을 떠올립니다. 그 결과는 어떻습니까? 사람들은 이 조건을 충족시키기 위해 소중한 생명의 자원을 허비하며 살아갑니다. 끝없는 욕망들을 채우고 또 채워도 여전히 만족스럽지 않고, 행복의 조건들을 충족해 보아도 행복은 또다시 저만큼 멀어질 뿐입니다. 결과적으로 얼마나 많은 사람들이 행복을 찾느라 인생의 길을 잃었습니까?

혹시 이제 모든 갈망이 충족되어 더 이상 행복할 필요가 없다고 말하는 사람을 본 적 있습니까? 나는 이제 돈에 진력이 나서 더 이상 돈이 필요 없다고 말하는 사람을 본 적 있습니까? 아마 살아 있는 동안 누구한테도 그런 말을 듣기 힘들 것입니다.

정치인 중에 한 번 금배지 달았으니 더 이상 필요 없다고 말하는 사람 보았습니까? 연주가 중에 최상의 연주를 했으니 더 이상 연주할 필요가 없다는 사람 있습니까? 예술가 중에 여한 없이 작품 활동을 했으니 더 이상 그리거나 조각하지 않아도 괜찮다는 사람 보았습니까? 나이 들면 더합니다. 나이 들수록 믿고 의지할 것은 자식도 아니고 친구도 아니고 돈밖에 없다는 분들이 많습니다.

사람은 세상의 어떤 것으로도 만족하지 못합니다. 완전한 기쁨에 이르지 못합니다. 왜 세상의 모든 것을 가져도 만족할 수 없을까요? 이유는 자명합니다. 인간은 눈앞에 있는 세상의 것들로는 만족할 수 없도록 창조되었기 때문입니다.

"만일 내 안에 이 세상 어느 것으로도 만족할 수 없는 갈망이 존재한다면, 그것은 내가 또 다른 세상을 위해 창조되었음을 나타내는 가장 확실한 설명이 될 것이다."

C. S. 루이스(Clive Staples Lewis)의 통찰이 대단합니다. 세상의 것으로는 도저히 만족할 수 없는 우리의 본성을 가장 잘 설명해 주고 있습니다.

"하나님이 어디에 있습니까? 하나님이 사람을 창조했다는 얼토당토않은 얘기를 21세기에도 할 수 있습니까?"라고 누군가 묻는다면 C. S. 루이스의 이 놀라운 통찰을 들려주십시오. 인간이 하나님 밖에서 진정한 기쁨을 맛볼 수 없는 이유는 우리가 영적인 존재이기 때문이라고 설명해 주십시오.

세상은 그림자를 실체로 인식하고, 메아리를 원래의 소리로 착각하며, 모조품을 진짜로 속입니다. 세상은 기쁨을 추구하는 인간의 본질적인 갈망을 채워 줄 것으로 착각하게 하는 모조품을 수없이 생산해 왔습니다. 그러나 우리는 시간이 흐를수록 가짜로는 절대로 온전히 기뻐할 수 없는 존재임을 깨닫게 됩니다. 가짜 안에서는 결코 온전한 만족이 없음을 이해하게 됩니다. 우리는 절대로 그림자로 만족할 수 없고, 메아리로 평안할 수 없으며, 모조품으로 기뻐할 수 없는 존재이기 때문입니다. 우리는 어떤 조건이 충족돼야 진정한 기쁨을 누리는 존재가 아닙니다.

예수님이 연주하면 내 안에 기쁨이 흐른다

그럼에도 불구하고 우리는 끊임없이 거대한 모조품 사회를 만들어 냅니다. 그리고 이 거대한 모조품 속에서 살아남기 위해 끝없는 속임수에 귀를 기울입니다. "이게 진짜야. 이게 진짜라고." 우리는 이미 진짜와 가짜를 구별할 능력을 상실했는지도 모릅니다. 그래서 우리는 어느 순간부터 쾌락을 기쁨과 혼동하게 되었습니다. 금방 사라질 육체적 쾌락에 몸을 맡기고 불나방처럼 뛰어듭니다.

언젠가 방배동 방죽 길을 산책하는데, 길 양쪽으로 밝게 켜진 포충등으로 뛰어든 벌레들이 타는 소리를 걷는 내내 들어야 했습니다. 유쾌할 수 없지요. 하루살이 같은 벌레들이 타들어 가면서 나는 냄새도 역겨웠습니다. 포충등으로 뛰어드는 벌레들을 보면서 문득 그런 생각이 들었습니다. '인간은 저 벌레들과 얼마나 다른가?' 쾌락을 좇는 인간의 마지막 종착점이 저 포충등 아닙니까?

사탄은 에덴동산에 있는 아담과 하와를 유혹했습니다. 부족할 것 없는 인간을 유혹하는 방법은 단 한 가지입니다. "네가 신이 돼라." 이 유혹의 본질은 네가 피조물의 기쁨이 아니라 창조주의 기쁨을 맛보라는 유혹입니다. 하나님이 인간을 창조한 목적은 인간과 영원히 기뻐하는 관계가 되기 위해서입니다. 인간의 기쁨은 이 관계에서 시작됩니다. 그래서 기쁨은 인간 존재의 본질입니다. 하나님과 관계를 맺고 있는 인간의 본질이 기쁨입니다. 이 기쁨의 다른 표현은 영광입니다.

말씀이 육신이 되어 우리 가운데 거하시매 우리가 그의 영광을 보니 아버지의 독생자의 영광이요 은혜와 진리가 충만하더

라 요 1:14

예수님은 말씀이 육신이 되어 하나님의 영광을 보여 주기
위해 이 땅에 오셨습니다. 예수님은 늘 하나님 안에 계신 분입
니다. 하나님의 영광에는 은혜와 진리가 충만합니다. 우리가
눈부신 영광을 보면 황홀하지 않습니까? 이때 기쁨이 솟아나
지 않습니까? 영광은 기쁨에 조응(照應)하고 기쁨은 영광에 조
응합니다. 왜냐하면 영광이야말로 기쁨이고 진정한 기쁨이야
말로 영광이기 때문입니다. 영광은 가장 높은 수준의 기쁨입니
다. 이 영광이라는 기쁨, 이 기쁨이라는 영광에는 은혜와 진리
가 충만합니다.

기쁨의 원천에서 우리가 발견하는 것은 쾌락이 아니라 은혜
와 진리입니다. 하나님의 사랑이 분수처럼 솟아오르는 샘의 근
원에 은혜와 진리가 충만합니다. 인간의 진정한 기쁨은 은혜와
진리에서 솟아나는 사랑, 그 사랑이 무지개처럼 아름답게 걸린
영광을 보는 것이지만, 사탄의 유혹은 그 진정한 기쁨의 수준
을 가리고 낮추는 것입니다. 사탄은 은혜와 진리가 충만한 기
쁨 대신 모조품으로 유혹합니다. 보기에 엄청나게 큰 진주나

다이아몬드 목걸이라 해도 모조품이라는 걸 아는 사람들은 별로 그것을 갖고 싶어 하지 않습니다. 그보다 크기가 작더라도 진품을 갖고 싶어 하는 것이 인지상정입니다.

하나님 안에 있으면 은혜와 진리의 기쁨을 맛봅니다. 이 기쁨이 차고 넘칠 때 우리는 영원을 경험합니다. 그리고 더 이상 목마르지 않고 허기지지 않습니다. 이 충만함, 이 차고 넘치는 기쁨을 안식이라고 부릅니다. 이 기쁨은 단순한 흥분이 아니며 단순한 만족도 아닙니다. 한없는 평안이고 쉼이며 놀라운 안식입니다.

세상 것은 가지면 가질수록 만족할 수가 없습니다. 그것은 진짜가 아니라 가짜이기 때문입니다. 그래서 어거스틴(st. Augustine)은《고백록》에서 이렇게 말했습니다.

"주님, 제가 당신 안에서 안식을 발견할 때까지 제 마음은 안식을 누리지 못합니다."

어거스틴의 이 고백은 이렇게 표현해도 무방할 것입니다.

"주님, 제가 당신 안에서 기쁨을 누릴 때까지 제 마음은 기쁨을 누리지 못합니다."

하나님은 우리에게 항상 기뻐하라고 말씀하십니다. 그렇다면 이 명령에 순종하는 방법은 단 하나뿐입니다. 바울의 충고대로 예수님 안에 있는 것입니다. 하나님의 뜻을 이뤄 드리기 위해 무언가를 애써서 할 것은 없습니다. 그저 예수님 안에 있으면 됩니다. 항상 기뻐하려면 24시간 쉬지 않고 무엇을 하는 것이 아니라 예수님 안에 머무르고, 예수님 안에 거하며, 예수님이 내 안에 거하시도록 하면 됩니다.

예수님이 내 안에 거하시면 신기하게도 예수님의 파장이 느껴집니다. 예수님의 맥박이 뛰기 시작하는 것이지요. 악기로 비유하면 비로소 마에스트로의 손에 들린 것입니다. 악기로서 최악의 경우는 누구 손에 들리는 걸까요? 바로 나 자신입니다. 인생의 모든 비극은 사실 깊이 들여다보면 내가 나를 연주하기 때문에 비롯됩니다. 마에스트로에게 맡기면 최상의 인생을 살 수 있습니다.

어느 집회에 갔다가 바이올리니스트 박지혜 자매에 관한 얘기를 들었습니다. 독일 정부가 해마다 자매에게 대여해 주던 아주 값비싼 바이올린을 얼마 전에는 아예 주었다고 합니다. 독일 정부가 박지혜 자매에게 증여한 페트루스 과르네리라는 바이올린은 우리 돈으로 50억 원을 호가하는 아주 귀한 바이올린입니다. 독일 정부는 해마다 연주자들을 심사해서 값비싼 악기를 무상으로 대여해 준다고 합니다. 그렇게 하는 이유가 아주 흥미롭습니다. 훌륭한 악기는 제대로 연주할 수 있는 연주자에게 맡기는 것이 악기를 보존하는 가장 좋은 방법이기 때문입니다.

1700년대에 제작된 과르네리나 스트라디바리우스는 그냥 두면 벌레가 생겨서 습도나 온도를 잘 유지해야 한다고 합니다. 악기를 가장 좋은 상태로 유지하는 효과적인 방법은 그 악기를 제대로 연주할 수 있는 연주자에게 맡기는 것입니다. 반대로 좋은 악기를 망가뜨리는 가장 나쁜 방법은 제대로 연주하지 못하는 사람에게 맡기는 것입니다. 사람도 악기와 같습니다. 인간이야말로 최고의 악기가 아닙니까?

바이올린이 몇 십억 한다면 놀라는 사람이 있습니다. 그러나 인간의 값은 얼마일까요? 값이 없다고요? 그렇지 않습니다. 예수님의 목숨 값입니다. 하나님이 예수님을 십자가에 내어 주신 까닭은 우리 한 사람의 값이 곧 예수님의 값이기 때문입니다. 가장 신비한 사실은 이 값비싼 악기를 보존하기 위해 예수님이 우리 안에 머무르기로 결정하신 것입니다. 이 값비싼 악기를 누군가 함부로 연주하지 않도록 하기 위해 예수님이 친히 우리 안에서 연주하기로 결정하신 것입니다. 우리는 이것을 '구원'이라고 부릅니다. 예수님이 친히 우리를 연주하기 시작하시자 소음과 같은 소리를 내던 악기에서 나의 음률이 아니라 예수님의 선율이 흘러나오기 시작합니다. 그 천상의 음률과 같은 소리가 바로 '기쁨'입니다.

진정한 기쁨은 쾌락이 아닙니다. 내가 내 인생을 연주하면 잘해 봐야 쾌락 정도의 소리를 낼 뿐입니다. 그러나 예수님이 내 인생을 연주하시면 진정한 기쁨의 소리가 흐릅니다. 따라서 항상 기뻐하는 길은 예수님이 우리 안에 계시는 것이고 예수님이 때를 따라 우리를 연주하시는 것입니다.

저는 '기쁨'이라는 단어 JOY를, 'Jesus Overflows You'의 첫 글자라고 정의합니다. 예수님이 우리 안에서 흘러넘치는 것이 진정한 기쁨입니다. 이 기쁨은 감춰지지 않습니다. 이 기쁨은 모든 것을 바꾸어 놓습니다. 표정이 달라지고 말이 달라지며 관계가 달라집니다. 기쁨은 나 자신뿐 아니라 주변의 사람들도 변화시킵니다. 반면에 쾌락은 아무것도 바꾸지 못합니다. 시간이 지나면 쾌락은 낮은 수준의 만족이며 기쁨을 대신할 수 있다고 속이는 거짓에 불과하다는 것을 알게 됩니다.

기쁨은 결단이며
순종이다

　　　　　그러면 도대체 어떻게 해야 예수님이 내 안에 계실 수 있습니까? 연애하던 때를 떠올려 보십시오. 하루 종일 함께 시간을 보냈지만 돌아서면 또 보고 싶습니다. 집에 돌아와서도 그 사람의 표정을 떠올리고 그 사람이 한 말을 곰곰 곱씹습니다. 그 사람이 내 안에 있지 않습니까? 예수님이 내 안에 계시는 것도 이와 같습니다.

　언젠가 "항상 기뻐하라"는 말씀을 묵상하던 중 우연히 TV 프로그램 〈세상에 이런 일이〉에서 '아! 저게 항상 기뻐하며 사는 비결이구나'라고 다시금 깨달은 적이 있습니다.

　올해 나이 78세의 김진환 할아버지는 65세 때 척추가 약해서 달리기를 시작했다고 합니다. 이것이 계기가 되어 할아버지는 보스턴 국제 마라톤대회에까지 참가해서 완주를 했습니다. 2009년, 73세 때는 한 해 동안 무려 풀코스만 105차례 완주해서 신기록을 세웠습니다. 그런데 할아버지가 이렇게 고된 마라톤을 완주하기 위해 훈련하는 방법이 흥미롭습니다. 아내의 심부름이 훈련의 시간입니다. 아내가 읍내에 가서 뭘 사오라고 부탁하면 몰래 트레이닝복으로 갈아입고 마을버스 대신 냅다 뛰는 것입니다. 그래서 할아버지는 종일 아내 곁을 서성댑니다. 무슨 심부름을 안 시키나 해서입니다. 할아버지는 얼마 전에 풀코스 마라톤 300회를 완주했습니다. 할아버지의 얼굴에는 기쁨이 가득했습니다. 할아버지는 하루 종일 마라톤 생각만 합니다. 뭘 해도 결론은 마라톤입니다.

크리스천이란 어떤 사람입니까? 예수님만 생각하는 사람입니다. 크리스천의 기쁨이란 어떤 기쁨입니까? 예수님의 말씀을 듣고 그 말씀에 반응하는 것입니다. 예수님이 연주하는 대로 악기 전체를 내어 드리는 것이 기쁨입니다. 예수님 안에서 예수님과 공명할 때 기쁨의 코드가 소리를 내기 시작합니다. 이 소리는 영원한 소립니다. 예수님이 우리 안에서 줄을 고르고 소리를 내기 시작하시면 이 소리는 잠시라도 영원합니다. 다윗은 시편이라는 아름다운 소리를 냈습니다.

여호와는 나의 목자시니 내게 부족함이 없으리로다 시 23:1

그는 심지어 그 기쁨에 겨워 내 생명보다 하나님이 소중하다고 고백했습니다.

주의 인자하심이 생명보다 나으므로 내 입술이 주를 찬양할 것이라 시 63:3

다윗의 입술이 주님 안에서 주님의 소리를 냅니다. 그 소리가 찬양입니다. 그 찬양의 소리가 기쁨입니다. 세상 사람들은 이런 기쁨과 비슷한 것이라도 맛보기 위해 돈과 건강을 다 버립니다. 마약중독자들은 항상 몽롱한 상태를 맛보기 위해 마약을 몸 안에 넣습니다. 그들은 이 가짜 기쁨을 맛보기 위해 '마약이 내 안에, 내가 마약 안에' 있는 것을 목표로 합니다. 마약까지는 아니더라도 우리는 마약 같은 것을 끝없이 찾아 헤맵니다. 목마른 사슴이 시냇물을 찾아 헤매듯이 그렇게 사방을 헤맵니다. 그 방황의 끝은 어디입니까? 파멸입니다. 죽음입니다. 영원한 죽음입니다.

왜 하나님의 뜻이 '기뻐하라'입니까? 기뻐하는 것이 하나님의 영광과 조응하기 때문입니다. 기쁨은 하나님의 영광을 반사하는 것입니다. 존 파이퍼(John Piper) 목사님은 이 기쁨을 맛보고 나서 '기독교 기쁨주의'(Christian Hedonism)라는 말을 만들었습니다. 헤도니즘(Hedonism)은 '향락주의', '쾌락주의'라는 뜻이어서 크리스천과 양립할 수 없는 단어인데, 그는 이 단어 쓰기를 주저하지 않습니다. 이 단어의 부정적인 뜻을 희석해서 '기쁨주의', '희락주의'라는 뜻으로 쓰겠다는 것입니다. 존 파이퍼 목사님이 굳이 이 단어를 고집하는 이유는 우리 크리스천들이 그리스도 안에서 평생을 다해 이 기쁨을 추구해도 결코 후회할 일이 없기 때문입니다.

저는 예수님을 믿고 나서 이 기쁨을 맛보았습니다. 이 기쁨을 맛보고 나니까 그때까지 좋아서 매일 가다시피 한 술집이 시궁창처럼 견딜 수 없는 곳이 되어 버렸습니다. 이 기쁨을 주체할 수 없어서 신학교에 갔고, 보스턴 온누리교회를 섬길 때는 심장병 수술을 두 번이나 받았습니다. 아들 등에 업혀 병원에 실려 간 적도 있고, 입이 돌아가 한국에 들어와 치료받은 적도 있습니다. 예수님으로 인한 기쁨은 저를 영원한 기쁨 가운데 두었지만 인생은 계속 고달팠습니다. 옆에서 지켜보던 아내가 하루는 물었습니다.

"여보, 당신 정말 하나님 음성 제대로 듣고 왔어?"

하나님의 음성을 제대로 듣고 목회자의 길을 걷고 있다면 왜 이런 고난이 계속되느냐는 질문이었습니다. 아내는 또 물었습니다.

"당신, 옛날에 예수님을 몰랐을 때 술집만 다녀도 즐겁고 기쁘게 살았잖아. 그런데 지금은 어때? 지금 기뻐?"

예수님을 몰랐을 때는 고난도 없었고 오히려 기쁘고 즐겁게 살았는데, 예수님을 만난 지금은 오히려 고난도 많고 그래서 기쁜 일이 없지 않느냐는 말이었습니다.

"예전에 나는 골프하고 싶으면 골프장 가고 술 마시고 싶으면 술집 가면서 즐겁게 살았지. 하지만 그렇게 즐거운 건 한순간이야. 오래가지 않아. 반면에 예수님 안에서 받는 이 기쁨은 한순간이라도 영원해."

이 기쁨은 무엇과도 바꿀 수 없는 기쁨입니다. 설령 이 기쁨 때문에 오해받을 수도 있고, 상황이 더 나빠질 수도 있고, 고난을 받을 수 있다 해도 그런 것이 더 이상 중요하지 않습니다.

진짜를 가진 사람은 가짜에 연연하지 않기 때문입니다.

구약의 선지자 하박국이 이 기쁨을 발견하고 신앙 안에서 고민하던 의문이 풀렸습니다. 그는 왜 하나님을 믿지 않는 사람들 때문에 하나님의 백성이 고난을 겪는지 이해할 수 없었습니다. 그러나 고난 너머에 있는 하나님의 섭리를 깨닫고 노래하기 시작했습니다.

비록 무화과나무가 무성하지 못하며 포도나무에 열매가 없으며 감람나무에 소출이 없으며 밭에 먹을 것이 없으며 우리에 양이 없으며 외양간에 소가 없을지라도 나는 여호와로 말미암아 즐거워하며 나의 구원의 하나님으로 말미암아 기뻐하리로다 합 3:17-18

이 시대 크리스천들이 예수님 안에서 이 기쁨을 맛보지 못한다면 하나님의 백성으로서 세상을 살아가는 것이 너무나 고통스러울 것입니다. 우리가 날마다 말씀을 기억하고 암송하며 묵상하는 이유는 거기에 이 기쁨이 있기 때문입니다. 이 기쁨을 누릴 때 세상에 없는 능력을 가질 수 있기 때문입니다. 주 안에서 주체할 수 없는 기쁨이 우리 삶에서 샘솟지 않으면 세상을 이길 방법이 없습니다. 세상을 이기는 방법은 "항상 기뻐하라"는 명령대로 고난받으신 예수님 안에서 기뻐하기로 결정하는 것입니다.

그렇습니다. 기쁨은 조건이 아닙니다. 기쁨은 상황이 아닙니다. 기쁨은 감정이 아닙니다. 기쁨은 결단입니다. 기쁨은 내 안에 계신 예수님에 대한 순종입니다.

chapter 7

기도하라

God's

매순간 하나님을 기억하며 그 앞에 있는 것

will

기도하라

사도 바울이 복음에 눈을 뜨자 복음 안에서 씨앗 세 개를 발견했습니다. 그는 이 씨앗들에 사랑, 믿음, 소망이라는 이름을 붙여 주었습니다. 사도 바울이 복음에 눈을 뜨기 전에는, 예수 믿는 사람을 잡아서 옥에 보내는 데 혈안이 되었습니다. 그들이 하나님의 뜻에 반한다고 믿었고 자기 자신이 하나님의 뜻을 누구보다 잘 안다고 믿었기 때문입니다. 그러나 예수님을 만나자 자기가 알고 있고 믿고 있던 것이 하나님의 뜻과 다르다는 것을 깨달았습니다. 그는 하나님의 뜻을 '기뻐하라', '기도하라', '감사하라'로 요약했습니다.

> 항상 기뻐하라 쉬지 말고 기도하라 범사에 감사하라 이것이 그리스도 예수 안에서 너희를 향하신 하나님의 뜻이니라 살전 5:16-18

하나님은 쉬지 말고 기도하라고 명령하십니다. 그런데 어떻게 쉬지 않고 기도할 수 있습니까? 일하지 말고 하루 종일 골방이나 수도원에 들어가서 기도해야 합니까? 과연 예수님은 공생애 동안 아무 일도 하지 않고 골방에 들어가 기도만 하셨습니까? 아닙니다. 예수님은 누구보다 바쁘게 사셨습니다. 사도 바울도 누구보다 열심히 전도하고 다녔습니다. 그러면 대체 어떻게 쉬지 않고 기도할 수 있습니까?

잘못된 기도는 할수록
해가 된다

기도는 모든 종교의 보편적인 수단입니다. 종교인과 비종교인을 구분하는 공통의 기준이 있다면 기도입니다. 기도한다는 것은 종교가 있다는 말이고, 간절히 소원하지만 내 힘으로 이룰 수 없는 무엇인가가 있다는 말입니다. 내 힘으로 안 되니 힘 좀 빌려 달라, 나 좀 도와달라고 하는 것입니다. 그래서 모든 기도는 소원을 이루고자 하는 열망과 비례합니다. 내가 얼마나 간절히 원하느냐가 기도의 형태, 기도의 시간, 심지어 기도의 장소를 결정합니다. 정말 무섭게 기도하는 종교인들이 많습니다. 지금도 금식하며 기도하고 밤을 새워 기도하고 부르짖어 기도하는 사람들이 많습니다.

그런데 이 기도에는 공통적인 전제가 있습니다. 나의 기도로 신을 움직일 수 있다는 생각입니다. 한마디로 말하면 지성이면 감천이라는 것입니다. 인간의 지극정성이 하늘을 감동시켜서 신이 끝내 내 소원을 들어준다는 것입니다. 물론 그 정성에는 물질을 드리거나 심지어 내 몸을 드리는 것까지 포함됩니다. 그래서 기도는 신을 달래고 신에게 떼를 쓰고 신을 감동시켜서 끝내 내 뜻을 관철시키는 일입니다. 하지만 그런 것이 기도라면 어린아이가 장난감 가게에서 울고불고 떼를 써서 끝내 원하던 장난감을 손에 쥐는 것과 무엇이 다르겠습니까?

예수님은 산상수훈에서 가장 먼저 팔복과 기도를 가르치셨습니다. 무엇이 복입니까? 그 복을 어떻게 구해야 합니까? 그 복을 구하는 기도의 내용은 어때야 합니까? 이 질문들에 대한 대답이 바로 주님이 가르쳐 주신 기도인 주기도문입니다. 예수 님은 이에 앞서서 두 가지 잘못된 기도를 알려 주셨습니다.

> 또 너희는 기도할 때에 외식하는 자와 같이 하지 말라 그들은 사람에게 보이려고 회당과 큰 거리 어귀에 서서 기도하기를 좋 아하느니라 내가 진실로 너희에게 이르노니 그들은 자기 상을 이미 받았느니라 너는 기도할 때에 네 골방에 들어가 문을 닫 고 은밀한 중에 계신 네 아버지께 기도하라 은밀한 중에 보시는 네 아버지께서 갚으시리라 또 기도할 때에 이방인과 같이 중언 부언하지 말라 그들은 말을 많이 하여야 들으실 줄 생각하느니 라 마 6:5-7

유대인들의 기도가 왜 잘못되었다고 하십니까? 사람을 의식 해서 기도하기 때문입니다. 그래서 골방에 들어가 기도하라고 하는 것입니다. 이방인들의 기도는 무엇이 잘못되었습니까? 중언부언하기 때문입니다. 마치 주문을 외우듯이 같은 말을 반복하는 기도입니다. 그렇다면 우리가 하는 기도는 괜찮을까요?

우리의 기도가 잘못되었다면 기도할수록 문제가 생길 것입니다. 척추가 휘어 있으면 운동할수록 몸에 해롭듯이 하나님의 뜻과 상관없는 기도라면 기도할수록 우리 영혼에 해로울 것입니다. 만약 우리가 영혼에 해로운 기도를 드리고 있다면 어떤 일이 일어나겠습니까? 기도해도 평안이 없겠지요. 기도해도 두려움이나 염려와 걱정으로부터 자유롭지 않겠지요. 무엇보다 기도하고 있는데도 기쁨이 없겠지요.

하나님의 뜻을 붙드는 유일한 방법, 기도

주기도문은 우리가 쉼 없이 기도해야 할 기도 제목을 가르쳐 주고 있습니다. 우리가 쉬지 말고 기도해야 한다면 무얼 놓고 기도해야 할지를 가르치신 것입니다.

그러므로 너희는 이렇게 기도하라 하늘에 계신 우리 아버지여 이름이 거룩히 여김을 받으시오며 나라가 임하시오며 뜻이 하늘에서 이루어진 것같이 땅에서도 이루어지이다 오늘 우리에게 일 용할 양식을 주시옵고 우리가 우리에게 죄 지은 자를 사하여 준 것같이 우리 죄를 사하여 주시옵고 우리를 시험에 들게 하지 마 시옵고 다만 악에서 구하시옵소서 (나라와 권세와 영광이 아버지께 영 원히 있사옵나이다 아멘) 마 6:9-13

가장 먼저 하나님의 이름, 하나님의 나라, 하나님의 뜻을 위 한 기도를 하라고 하십니다. 내 이름을 내고, 내 나라 내 왕국을 이루고, 내 소원 내 꿈 내 뜻을 이루는 기도와는 전혀 다릅니다. 그런 다음 일용할 양식과 죄 용서와 시험과 악에 빠지지 말 것 을 구하라고 하십니다. 나만 먹고, 나만 용서해 주고, 나만 시험 과 악에서 구해 달라는 것이 아닙니다. 내가 아니라 우리를 위 한 기도입니다. 개인만을 위한 기도가 아니라 공동체를 위한 기도입니다.

예수님을 따르는 제자는 이렇듯 하나님을 위하고 공동체를 위하는 기도를 합니다. 예수님은 그 기도의 모범을 보여 주셨 습니다. 바로 겟세마네 동산에서 마지막 밤에 드린 기도입니 다. 예수님은 세 번씩이나 죽을힘을 다해 기도하셨는데, 그 내

용은 내 뜻대로 하지 마시고 아버지 뜻대로 하시라는 것이었습니다. 이 잔을 피할 수만 있다면 피하고 싶다고 하셨지만 끝내 내 뜻을 꺾는 기도를 하셨습니다. 또한 제자들이 넘어지지 않도록 기도하셨고 넘어졌다가도 다시 굳게 일어서서 다른 형제들을 돕는 기도의 사람이 되도록 기도하셨습니다.

> 시몬아, 시몬아, 보라 사탄이 밀 까부르듯 하려고 요구하였으나 그러나 내가 너를 위하여 네 믿음이 떨어지지 않기를 기도하였노니 너는 돌이킨 후에 네 형제를 굳게 하라 눅 22:31-32

사탄이 밀 까부르듯 하는 이때에 네가 믿음을 잃지 않게 해 달라고 기도하셨다고 하십니다. 바로 십자가 죽음을 앞두고 마지막 저녁 만찬에서 베드로에게 하신 말씀입니다. 그리고 덧붙이십니다. "너는 돌이킨 후에 네 형제를 굳게 하라." 예수님의 이 말씀을 구체적으로 풀이하면 다음과 같습니다.

"내가 네 믿음을 위해 기도했지만 네가 스스로 기도하지 않으면 믿음을 다 잃고 반드시 넘어질 것이다. 그러니 후에 네가 다시 성령으로 기도하고 돌이켜서 네 형제들의 믿음을 굳게 세워 줘라."

베드로가 그 순간 자존심이 상해서 예수님께 말합니다.

"주님이 제 믿음을 위해 기도하셨다고요? 제 믿음은 걱정 마십시오. 주님이 옥에 가면 저도 같이 갈 것이고 죽음이 오면 주님 따라 죽을 것입니다."

그는 큰소리치고 있습니다. 그러자 예수님은 한 가지 사실만 알려 주십니다. "네가 새벽에 닭이 울기 전에 세 번 나를 모른다고 하게 될 거야."

예수님은 제자들을 데리고 겟세마네 동산으로 올라가십니다. 같이 기도해 줄 것을 부탁했지만 제자들은 잠이 들어서 기도할 수가 없었습니다.

그곳에 이르러 그들에게 이르시되 유혹에 빠지지 않게 기도하라 하시고 눅 22:40

이르시되 어찌하여 자느냐 시험에 들지 않게 일어나 기도하라 하시니라 눅 22:46

유혹에 빠지지 않도록 기도해라, 그만 자고 기도해라, 시험에 들지 않도록 기도해라, 반복해서 말씀하십니다. 처음 기도를 가르쳐 주셨을 때나 마지막 겟세마네 동산에서나 시종일관 기도해야 할 제목은 무엇입니까? 우리가 기도하지 않으면 반드시 유혹과 시험에 빠진다는 것입니다.

우리말로는 유혹과 시험으로 다르게 번역했지만, 헬라어 원어로는 페이라스모스(πειρασμός)로 두 단어가 같습니다. 헬라어 단어는 유혹과 시련, 시험이라는 뜻을 다 지녔습니다. 그리고 여기서는 유혹을 통한 시험의 뜻으로 말씀하신 것입니다. 원래 유혹은 하나님의 뜻이 아닙니다. 기도의 목적은 내 뜻을 구하다가 유혹이나 유혹에 따른 시험에 빠지지 않는 것입니다. 기도의 목적은 하나님의 뜻을 분별하고 그 뜻을 놓치지 않는 것입니다. 우리가 시험에 빠지지 않고 하나님의 뜻을 붙드는 유일한 방법은 기도입니다. 내 뜻을 이루는 가장 강력한 수단이 기도라고 생각하는 유대인들이나 이방인들과는 출발이 다르지요. 사실 내 뜻을 위해서라면 예수님 이름으로 기도하지 않는 게 더 빠릅니다. 긍정적 사고가 낫고 자기 최면이 더 빠릅니다. 사실 내 뜻을 위해 예수님의 이름으로 기도하면 기도할

수록 마음이 불편해지는 것이 정상입니다.

예수님의 뜻을 따라
기도하라

그러면 이제 분명해졌습니다. 왜 기도합니까? 무엇을 위해 기도해야 합니까? 이 질문에 대한 답이 분명해지면 쉬지 않고 기도하는 것이 달리 다른 방법이 아님을 알 수 있습니다. 예수님의 뜻을 알고 예수님의 뜻 안에 있는 것입니다. 예수님을 알기 위해 예수님을 생각하고 예수님의 말씀을 묵상하는 것보다 더 바른 기도가 없습니다. 그래서 기도란 처음에는 아기가 옹알이하듯 내 얘기를 하다가, 자라면서 다른 아이들이 갖고 있는 것 나도 달라고 조르다가, 점점 누군가의 얘기에 귀를 기울이고 그들의 필요에 눈을 뜨는 단계로 나아가게 됩니다. 그야말로 성숙해지는 것이지요.

어떻게 해야 이런 성숙이 가능할까요? 예수님은 내게 붙어 있으라고 하십니다. 방법은 예수님과 친해지는 것이고 예수님과 하나 되는 것입니다. 예수님도 '하나님 아버지와 나는 하나'

라고 그 비밀을 알려 주셨습니다.

나는 포도나무요 너희는 가지라 그가 내 안에, 내가 그 안에 거하면 사람이 열매를 많이 맺나니 나를 떠나서는 너희가 아무것도 할 수 없음이라 요 15:5

종교는 내가 신을 찾는 일이고 신앙은 신이 나를 찾아오신 사건입니다. 예수님은 내가 너를 불렀다고 알려 주십니다.

너희가 나를 택한 것이 아니요 내가 너희를 택하여 세웠나니 이는 너희로 가서 열매를 맺게 하고 또 너희 열매가 항상 있게 하여 내 이름으로 아버지께 무엇을 구하든지 다 받게 하려 함이라 요 15:16

예수님이 나를 찾으셨고 나를 부르셨고 나를 세우셨고 나를 보내셨다면 예수님이 그렇게 하신 이유와 목적이 나보다 내 뜻보다 내 계획보다 더 중요하지 않겠습니까? 그런데도 내가 뭘 원하는지가 더 중요하다면 아직 크리스천이 아니라 유대인이

거나 이방인인 셈입니다. 아니면 아직 어려서 내 생각과 내 욕심밖에는 생각할 수 없든지요.

예수님은 기도란 '내 이름으로 아버지께 무엇이든지 구하는 것'이라고 말씀하십니다. 여기서 '내 이름'을 무슨 도깨비방망이처럼 생각해선 안 됩니다. 예수님의 이름에 걸맞은 기도를 하라는 의미입니다. 다시 말해 내가 구하는 것과 같은 것을 너희도 구하라는 말씀입니다. 그렇게 구할 때 아버지께서 내게 응답하셨던 것처럼 다 받게 하실 것이라고 약속하시는 것입니다.

과연 우리는 예수님의 뜻을 따라 구하고 있습니까? 아직도 내 뜻을 따라 구하고 있지 않습니까? 나 자신의 필요, 내 가족의 필요, 심지어 교회도 내 교회, 나라와 민족도 내 나라, 내 민족에 머물러 있지 않습니까? 내 교회, 내 나라, 내 민족을 위해 기도하는 것도 대단한 기도입니다. 그러나 따지고 보면 사실 그런 기도조차도 '나'라는 한계에 갇힌 것일 수 있습니다. 엄밀히 말하면 언제든지 내 것을 구하고 있는 셈이지요. 하나님은 그런 우리에게 이사야 선지자를 통해 이렇게 말씀하십니다.

야곱아 너를 창조하신 여호와께서 지금 말씀하시느니라 이스라

179

엘아 너를 지으신 이가 말씀하시느니라 너는 두려워하지 말라
내가 너를 구속하였고 내가 너를 지명하여 불렀나니 너는 내 것
이라 사 43:1

우리의 언어로 바꾸면 이렇습니다.

"이봐! 너는 내 거야. 너는 네 것이 아니라 내 것이라고."

저는 이사야서 말씀을 읽고 나서 '아! 인간이 저마다 갖고
있는 두려움의 본질은 착각이구나! 이 몸을 내 것이라고 착각
한 것이구나. 이 몸을 내 것이라고 주장하고 고집하고 씨름했
구나. 이런 나를 부르신 목적이 나는 내 것이 아니라 하나님의
것임을 깨닫게 하시려는 것이구나!'라고 깨달았습니다. 이게
구원 아닙니까? 내 것이라고 생각하는 이 몸이 내 것이 아님을
아는 것이 구원 아닙니까? '세상에 내 건 없구나'라고 깨닫는
것이 구원의 본질입니다. 내가 내 것이 아닌데 내가 뭘 가졌다
고 내 것이겠습니까? 죄란 종일 내 생각하는 것이고, 의란 종일
내 생각 안 하는 것입니다.

내 것이 아닌데 내 것처럼 쓰도록 허락받은 것을 위탁 관리
라고 합니다. 내 몸도 위탁받은 것이고 내 가족도 하나님이 내

게 맡기신 사람들입니다. 내 것이 아닌 하나님 것을 위탁받았으니 성실히 책임을 지고 잘 관리하고 사랑해야 합니다. 내 이웃도 내가 잘 섬기라고 붙여 주신 사람들입니다. 하나님은 먼저 우리에게 열매를 허락하셔서 우리의 열매를 먹고 그들도 열매 맺도록 하겠다고 하십니다. 그래서 구원은 개인의 일이지만 공동체의 사건입니다. 왜 하나님께서 한 죄인이 돌아오면 그렇게 기뻐하시겠습니까? 그 한 사람이 돌아오는 것으로 많은 사람이 돌아올 것을 아시기 때문입니다. 그런데 하나님이 위탁하신 것을 내 것으로 착각해서 나를 위해 사용하면 그것은 횡령 혹은 배임에 해당합니다. 그래서 우리의 숱한 죄는 횡령죄 혹은 배임죄에 해당합니다.

어떻게 쉬지 않고
기도할까

한 사람이 시험에 들고 유혹에 빠지면 얼마나 많은 사람들이 어려움을 겪는지 모릅니다. 가장이 유혹에 빠지면 가족이 흩어지고, 목자가 시험에 빠지면 양이 흩어지고, 지도자가 넘어지면 수많은 사람들이 같이 넘어집니다. 그래서 바울 사도는 쉬지 않고 기도하는 것이 하나님의 뜻임을 알았습니다. 종일 주님을 생각하고 말씀을 묵상하는 것이 시험에 들지 않고 유혹에 빠지지 않는 비결이라는 것입니다.

사도 바울이 하나님의 뜻을 전합니다. "기도하라. 쉬지 말고 기도하라." 어떻게요? "멈추지 말고 주님을 생각하라. 종일 말씀을 붙들고 묵상하라." 그렇게 하면 일이 안 됩니까? 일을 못 합니까? 아닙니다. 제가 최경주 선수 간증을 듣다가 깨달았습니다. 진정한 기도의 능력을 새롭게 발견했습니다.

골프 선수 최경주 형제가 AT&T 내셔널에서 처음으로 PGA 우승컵을 안았을 때입니다. 대회 전날 그의 아내는 성경 한 구절을 써 주면서 이 말씀을 외우고 경기에 나가라고 했습니다. 바로 요한복음 15장 16절 말씀입니다.

너희가 나를 택한 것이 아니요 내가 너희를 택하여 세웠나니 이는 너희로 가서 열매를 맺게 하고 또 너희 열매가 항상 있게 하여 내 이름으로 아버지께 무엇을 구하든지 다 받게 하려 함이라 요 15:16

그런데 다음 날 아침 집을 나설 때까지만 해도 외웠던 말씀을 첫 번째 홀 티샷을 하려는 순간 갑자기 까맣게 잊어버렸습니다. 도저히 기억이 나지 않았습니다. 말씀을 기억하려고 애를 쓰면서 15번 홀까지 왔는데 문득 고개를 들어 보니 스코어보드에 자기 이름이 제일 위에 있더라는 겁니다. 나중에 제가 그에게 물었습니다.

"그럼 공 칠 때마다 어떻게 쳐야겠다는 생각을 안 했어요?"

"그냥 순간순간 연습하던 대로 쳤어요. 공을 어떻게 칠까보다 외웠던 말씀이 무엇인가 생각하면서 계속 코스를 걸었어요. 그런데 사실 내가 어떻게 쳐야겠다는 생각을 많이 하면 샷에 힘이 들어가요. 연습 때처럼 힘을 80%만 써야 하는데 100%나 120% 쓰면 반드시 실수하게 되지요. 그날 무슨 일이 있어도 우승하겠다고 했으면 아마 그 중압감에 무너졌을 겁니다."

최경주 선수는 경기 내내 무엇을 했다고 합니까? 이 경기에서 우승하게 해달라고 기도했습니까? 그렇다고 말씀을 암송했습니까? 아닙니다. 그저 어제 외운 말씀이 무엇인지 기억해 내려고 애썼을 뿐입니다. 그런데 놀랍게도 우승하겠다는 중압감에서 벗어났고, 지나치게 힘을 쓰는 대신 부드럽게 공을 쳐서 실수가 나오지 않았습니다. 우리가 쉬지 않고 말씀을 묵상할 때, 다시 말해 계속해서 말씀 안에 머무를 때, 말씀이 우리의 의식 세계를 빛을 뿐 아니라 무의식의 세계도 다스리기 시작합니다. 그러면 말씀이 나를 이끌어가기 시작합니다. 쉬지 않고 기도하는 것이지요.

"최경주 선수가 말씀을 묵상한 것은 아니지 않습니까?"라고 반문하는 분도 있을 것입니다. 여기에도 역설이 있습니다. 말씀을 그저 입으로 암송만 한다면 그것은 말씀 밖에 있는 겁니다. 최경주 선수처럼 말씀이 기억나지 않아도 말씀 안에 있을 수 있고, 말씀을 기억해도 말씀 밖에 있을 수 있다는 말입니다. 우리는 모두 주기도문을 외우지만 입으로 암송하면서 말씀 안에 있는 경우가 많지 않습니다. 하지만 주기도문을 외우지는 못하더라도 '시험에 빠지지 않게 하시며'라는 구절에 마음이 꽂혀서 종일 그 말씀을 생각한다면, 말씀 안에 있는 것이고 쉬지 않고 기도한 것입니다. 주기도문을 종일 외워도 기도가 되지 않을 수 있고, 단어 하나를 붙들고 걸어 다녀도 종일 기도하는 삶이 될 수 있습니다. 말씀을 아는데 말씀대로 살지 않으면 말씀 밖에 있는 겁니다. 말씀대로 사는 게 말씀 안에 있는 것이고 그게 쉬지 않고 기도하는 것입니다.

최경주 선수는 그 대회에서 15번 홀 티샷을 자신 있게 마치고 돌아서는 순간 그토록 떠오르지 않던 성경 구절이 마치 막혔던 수문이 한꺼번에 열리듯 단번에 생각났다고 합니다. 그러자 자신감이 더 차올랐고 스윙은 더욱 견고해졌다고 해요. 그리고 18번 홀에서 결코 안심할 수 없는 상황에 맞닥뜨렸을 때 다시 성경 구절을 외웠고 마지막 순간에 우승컵을 안게 되었다고 고백합니다.

말씀을 따라
기도하라

말씀을 따라 구하지 않으면 어떤 기도를 할까요? 하루 종일 무슨 기도를 하겠습니까? 만약 어떤 사람이 카지노에 가서 종일 기도했다고 합시다. 슬롯머신 앞에서 기도하고 코인을 넣으며 기도하고 심지어 금식으로 기도했더니 잭팟이 터졌습니다. 이 경우 기도의 응답으로 그렇게 된 것입니까? 그날 밤 감사기도를 드리고 다시 밤새 부르짖어 기도하고 그 다음날 기계 앞에 앉자마자 다시 잭팟이 터졌습니다. "하나님! 저에게 어떻게 이토록 복을 주실 수 있습니까?" 하면서 너무 감사해 '이 모든 것은 하나님이 하셨습니다'라고 기계 위에 써 붙이면 하나님이 영광받으십니까? 말씀을 따라 구하지 않으면 우리는 이렇게 살 수 있습니다.

예수님은 반석 위에 집을 지으라고 하셨습니다. 반석이 아니라 모래 위에 집을 지으면 홍수가 날 때 집이 통째로 무너질 것이기 때문입니다. 그런데 말씀을 따르지 않고 모래 위에 집을 짓고 나서 홍수가 나지 않게 해달라고 쉬지 않고 기도하면 그것이 바른 기도입니까?

그래서 기도 많이 한다는 사람들이 때로 기도하지 않는 사람보다 더 큰 문제를 일으킵니다. 몇 시간씩 방언기도를 하면서도 얼굴에 평안이 없고 걸핏하면 사람들과 다투는 사람이 있습니다. 말씀을 따라 반석 위에 집을 짓지 않은 탓이지요. 자기 마음대로 모래 위에 집을 짓고 나서 홍수가 나지 않게 해달라고 기도하니 평안이 없고 매사에 다툼이 일어나는 것이지요. 예수님이 무슨 기도를 하든지 먼저 하나님 나라와 그 의를 구하라고 하신 이유가 이 때문입니다.

우리의 기도는 말씀에서 출발해야 합니다. 믿음도 말씀에서 시작되어야 하고 사랑도 말씀에서 시작되어야 하고 소망도 말씀에서 시작되어야 합니다. 믿음은 들음에서 나고 들음은 그리스도의 말씀에서 비롯됩니다.

우리가 말씀을 기억할 때 말씀은 우리의 의식 세계와 무의식 세계를 찔러 쪼개는 일을 합니다. 이것이 말씀의 능력입니다. 그러므로 말씀을 묵상하는 것이야말로 기도입니다.

쉬지 말고 기도하라는 것은 쉬지 말고 그분을 생각하라, 그분의 말씀을 생각하라, 그분에게 붙들린 인생이 되라는 것입니다.

그러나 자칫하면 거꾸로 믿음은 내 욕망에서 나고 들음은 세상 지식에서 비롯될 수 있습니다. 그러면 내 생각대로 구하고 내 욕망을 따라 기도하게 됩니다. 그래도 하나님이 응답하십니다. 하나님이 다급하시면 그런 빗나간 기도를 들으시고도 바른 응답을 하십니다. 때로 우리는 무슨 기도인지 모르고 그냥 기도하지만 하나님은 놀라운 계획을 갖고 계시기 때문에 그런 기도에도 응답하십니다. 제 아내는 밤마다 술에 취해 돌아오는 저의 발을 붙잡고 제발 이 발이 술집은 그만 가고 주님이 원하시는 곳만 다니게 해달라고 오랫동안 기도했습니다. 그 기도가 이렇게 응답될 줄 꿈엔들 생각했겠습니까?

생각이 많으면 기도가 어렵습니다. 기도한다고 앉아도 결국 생각하다가 끝납니다. 사탄은 우리에게 생각하라고 속삭입니다. 성령은 우리를 기도의 자리로 인도하십니다. 생각하면 사람이 움직이고 기도하면 하나님이 움직이십니다. 사람이 분주하면 소리가 나고 다툼이 많아지고, 하나님이 일하시면 소리가 없어지고 화해와 연합이 일어납니다. 지금은 어느 때보다 이 민족과 나라와 열방을 위해 기도할 때입니다. 그러나 무엇보다 먼저 말씀 안에 잠잠히 머물러야 하고 주님의 뜻을 따라 간구해야 하며 주 안의 사람이건 주 밖의 사람이건 우리 모두가 악에 빠지지 않도록 기도를 멈추지 않아야 합니다. 그렇게 기도하다 보면 용서할 수 없는 사람도 용서하게 되고 내게 손해를 끼친 사람이나 나를 핍박하는 사람을 위해서도 기도하게 됩니다.

나는 너희에게 이르노니 너희 원수를 사랑하며 너희를 박해하는 자를 위하여 기도하라 마 5:44

말씀이 없으면 기도도 사탄이 일하는 통로가 된다는 사실을 명심하십시오. 우리가 말씀 통독과 새벽예배, 주일예배를 그토록 소중히 여기는 것도 다른 이유에서가 아닙니다. 하나님의 뜻을 알고 하나님의 뜻 안에 머무르고 하나님의 뜻을 따라 기도하기 위해서입니다. 하나님의 뜻을 알게 된 사도 바울이 다시 강하게 권면합니다. "쉬지 말고 기도하라." 이것이 그리스도 예수 안에 있는 우리 모두가 하나님의 뜻에 순종하는 길입니다.

내 생각이 떠오를 때마다 예수님의 이름을 부르십시오. 기도가 되지 않을 때마다 성경을 펴십시오. 말씀을 생각하는 것이 선이고 나를 생각하는 것이 악입니다. 돈을 사랑하는 것이 일만 악의 뿌리라고 하지만, 종일 내 생각만 하는 것은 십만 악의 뿌리입니다. 만물보다 부패한 것이 사람의 마음이고 생각하는 것마다 악한 생각을 할 수밖에 없는 것이 인간의 실상이기 때문입니다.

chapter 8

감사하라

God's

실수가 없으신 하나님을 온전히 인정하는 것

will

감사하라

이번 추석 연휴 못별 프로젝트 기간에 저와 33명의 교인들이 인도네시아 자카르타와 즈빠라, 족자 등에 다니며 의료선교와 말씀 집회를 했습니다.

날씨도 덥고 이동거리도 꽤 멀어서 다소 힘든 일정이었습니다. 그래서인지 마지막 날에는 관광을 하기로 했는데 다들 숙소에 남아 쉬고 싶다고 해서 예배를 드리고 나눔의 시간을 가졌습니다. 그런데 놀랍게도 33명이 한목소리로 '감사하다'고 간증했습니다. 추석 연휴라지만 직장인이 일주일씩 시간을 내기는 어려웠을 것입니다. 누가 와 달라고 초청한 것도 아니고 여행 경비를 대신 내주겠다고 선심 쓴 사람이 있는 것도 아니고 더구나 편히 쉬지도 못했을뿐더러 환경도 열악했습니다. 그런데 모든 사람들이 감사하다고 했습니다. 말할 수 없는 은혜 가운데 있었다며 하나님께 감사하다고 했습니다. 대접을 받고 섬김을 받아서 감사한 것이 아니라 먼저 대접하고 섬기고자 했더니 감사가 넘친 것입니다.

그리스도 안에 있어야
감사할 수 있다

우리는 일반적으로 언제 감사합니까? 누군가 내게 호의를 베풀어 줄 때, 내가 기대하던 것이 충족되었을 때 감사합니다. 감사할 일이 있어도 감사하지 않는 사람이 많아서 감사하다는 말만 잘해도 예의 바르다는 소리를 듣는 세상입니다. 하나님은 우리가 모든 일에 감사하기를 원하십니다.

항상 기뻐하라 쉬지 말고 기도하라 범사에 감사하라 이것이 그리스도 예수 안에서 너희를 향하신 하나님의 뜻이니라 살전 5:16-18

항상 기뻐하는 것이 하나님의 뜻입니다. 기뻐할 수 없을 때라도 기뻐하기로 결정하는 것이 하나님의 뜻입니다. 쉬지 말고 기도하는 것이 하나님의 뜻입니다. 하나님의 말씀을 붙들고 있는 것이 쉬지 않고 계속해서 기도하는 것이고 그것이 하나님의 뜻입니다. 그리고 모든 일에 감사하고 모든 상황에 감사하는 것, 도저히 감사할 수 없는 사건과 상황 속에서도 감사하는 것, 이것이 하나님의 뜻입니다.

그런데 항상 기뻐하고 기도하고 감사하는 것이 쉽습니까? 한번 해보자고 마음먹으면 그대로 실천되는 것입니까? 만일 그렇다면 그는 보통 사람이 아닙니다. 보통 사람은 아무리 애를 써도 아무리 능력이 뛰어나도 항상 기뻐하고 쉬지 않고 기도하며 모든 일에 감사하기란 불가능합니다.

그런데 바울은 반복해서 크리스천은 항상 기뻐하고 기도하고 감사할 수 있음을 강조합니다. 어떻게 가능합니까? 바로 그리스도 예수 안에서 가능합니다.

영어로 'In Christ Jesus'로 번역된 '예수 안에서'에서 전치사 'in'에 주목하십시오. 전치사 'in'은 헬라어 '엔(ἐν)'으로서 공간적인 의미로는 안에, 위에, 곁에, 중에, 가운데를 뜻합니다. 이외에도 무엇에 의해서, 무엇의 힘으로, 누구와 함께, 무엇 때문에, 누구로 인하여 등의 뜻도 있습니다. 그런 점에서 우리말로 번역된 '예수 안에서'는 '예수님과 함께', '예수님의 힘으로', '예수님 때문에'로 바꿀 수 있습니다. '예수 안에서 감사하라'는 '예수님과 함께, 예수님의 힘으로, 예수님 때문에 감사하라'가 됩니다.

"네가 예수님과 함께하는 삶을 살기 시작했으니 이제 모든 일과 모든 상황에서 감사해라."

말은 쉬워도 절대 쉽지 않은 명령입니다. 내 안의 불만과 불평이 시도 때도 없이 기어 올라오는데 어떻게 항상 감사할 수 있겠습니까? 저 역시 그러지 못합니다. 그런데 조금씩 되고 있고 깨달아지는 것이 있습니다. 왜 불만족 중에도 감사해야 하는지, 왜 도저히 받아들일 수 없는 억울하고 분한 일에도 감사해야 하는지, 십자가를 계속해서 묵상하면 조금씩 알게 됩니다. 성령님을 의지하고 계속해서 기도하면 그 의문이 풀립니다.

미리 감사하고
순간순간 감사하라

저는 베이직교회를 볼 때면 그저 놀랄 따름입니다. 어떻게 저 같은 사람에게 이런 하나님의 영광을 보게 하시는지 감사하기만 합니다.

베이직교회를 개척하기 전 하나님은 언뜻 이해할 수 없는 사건을 제게 허락하셨습니다. 17년간 섬기던 온누리교회와 5년 반 동안 섬기던 CGNTV를 떠나도록 하신 것입니다. 오랫동안 하나님께 물었습니다. 떠나야 하는 상황은 감사할 수 있는 조건이 아니었습니다. 더구나 제가 교회를 개척한다니까 주변 사람들이 한결같이 만류했습니다. 나이 60이 넘으면 이미 하던 목회도 정리하고 내려놓아야 할 때인데 어떻게 교회를 개척하려느냐고 말렸습니다. 이제 은퇴를 생각할 나이에 너무 무모한 일이라는 것이지요.

그러나 기도할수록 뜻은 분명해졌습니다. 교회라고 부르는 이 제도로서의 교회를 떠나야 예수님의 교회가 될 수 있다는 뜻이 갈수록 분명해졌습니다. 신앙생활 내내 함께했던 가족 같은 형제 자매들을 떠나는 것이 비록 슬프고 마음 아팠지만 예수님만 바라보고 예수님만 의지하고 새롭게 여행을 시작하기로 결정했습니다. 하나님께서 교회에 안주하려는 저를 진정한 교회가 되도록 부르시고 계심을 깨달았습니다. 요한복음 13장 34-35절 말씀이 종일 저를 붙들었습니다. 교회의 본질로 돌아가라는 거역할 수 없는 뜻이 저를 이끌고 가기 시작했습니다.

> 새 계명을 너희에게 주노니 서로 사랑하라 내가 너희를 사랑한 것 같이 너희도 서로 사랑하라 너희가 서로 사랑하면 이로써 모든 사람이 너희가 내 제자인 줄 알리라 요 13:34-35

2012년 12월 주일 아침부터 아내와 둘이서 예배를 드리기 시작했습니다. 양복을 차려 입고 준비한 말씀을 전했습니다. 아내가 기도 인도를 했고 함께 찬양했습니다. 축도를 마치며 감사의 눈물을 흘렸습니다. 아버지께서 이 예배를 기쁘게 받으셨음을 더없이 감사했습니다. 성탄예배는 안신기 목사님 댁에서 드리기로 했습니다. 두 부부가 함께 예배드리면서 깨달았습니다. '비로소 우리가 교회가 되었구나!' 교회를 다니고 교회를 섬기고 교회를 고민하던 모든 것이 사라지고 오직 감사가 흘러넘쳤습니다.

교회의 머리는 오직 예수님이시며 우리는 어느 누구건 교회의 지체일 뿐입니다. 교회는 오직 예수님만을 바라보고 예수님만을 주로 고백하는 사람들입니다. 그래서 교회 자체가 감사고 감격이고 감동입니다.

흔히 교회라고 부르는 제도와 틀을 떠나 보니 주님이 원하시고 주님이 꿈꾸시던 교회가 보이기 시작했습니다. 얼마나 감사한지요. 그리고 지난 수년간의 복잡다단한 삶의 여정이 해석되기 시작했습니다. 도무지 풀 수 없을 것 같던 퍼즐이 드디어 맞춰지기 시작했습니다.

제게 2001년은 복잡하게 얽힌 퍼즐을 맞출 수 있는 단초가 된 해입니다. 아프가니스탄 전쟁이 끝나자마자 하용조 목사님의 권유로 아프가니스탄 선교 여행을 떠났습니다. 평신도는 저와 당시 세브란스병원 심장 전문의였던 안신기 선생 둘이었습니다. 안 선생은 하 목사님의 주치의로 동행한다지만, 저는 영문도 모른 채 따라갔습니다. 병역 문제로 입국하지 못하고 있던 유승준 형제가 LA에서 파키스탄 이슬라마바드로 와서 합류했습니다.

그런데 열흘간의 일정 동안 우리는 아무것도 한 일이 없습니다. 카불에 묵을 숙소가 없어서 한국국제협력단(KOICA)의 소장 댁에 머무르면서 전쟁의 참화로 폐허가 된 시내를 이리저리 돌아다닌 것이 전부였습니다. 무작정 따라나섰던 제가 당시의 상황을 어떻게 받아들였을까요? 순종하고 따라가긴 했지만, 내가 지금 여기서 뭐 하나 하면서 다녔습니다. 폐허가 된 나라에서 어슬렁거리고 있는 제가 한심해 보이기까지 했습니다.

그런데 나중에 하 목사님이 돌아가시기 전에 이때 우리가 굳이 아프가니스탄에 간 이유를 해석해 주셨습니다.

"당시 선교 여행은 안신기, 조정민 두 사람을 목사 만들려고 다녀온 것이었어요."

그렇게밖에는 해석할 길이 없다는 게 하 목사님의 말씀이었습니다. 하지만 목사님은 우리 두 사람이 베이직교회를 섬기는 걸 보지 못하고 돌아가셨습니다. 그때 감사하다는 말을 목사님께 더 자주, 더 많이 하지 못한 게 너무 후회가 됩니다. 그리고 무릎을 쳤습니다. 모든 일에 감사하는 것이 마땅하구나!

이렇게 한참 뒤에야 감사할 일이었음을 깨닫는 일이 대부분입니다. 참으로 가치 있는 일은 예외 없이 시간이 한참 흐른 뒤

에야 깨닫습니다. 그렇게 한참 뒤에야 우리 입에서 감사가 나옵니다. 그제야 우리는 하나님께서 오래전부터 모든 것을 준비하고 인도하셨다는 것을 깨닫고 감격해 합니다.

지금은 너무 고통스러워서 감사할 수 없습니까? 남편을 혹은 아내를 용서할 수 없어서 이혼하고 싶습니까? 물론 쉽지 않겠지만 그럼에도 불구하고 감사하십시오. 왜냐하면 나중에 진심으로 울며 감사할 날이 올 것이기 때문입니다. 우리가 이 긴 시간의 격차를 뛰어넘는 것이 하나님의 뜻이기 때문입니다. 미리 감사하고 순간순간 감사함으로 이 시간의 벽을 넘어서는 것이 하나님의 뜻입니다.

나중에 감사하게 될 일이기 때문에 지금부터 미리 감사하는 것은 첫째, 결단해야 하고 둘째, 그냥 입에 익은 습관이 되어야 합니다. 예수님은 최후의 만찬에서 제자들에게 떡과 잔을 나누실 때도 먼저 감사기도를 하셨습니다. 그 떡과 잔은 십자가에서 찢기실 예수님의 몸이고 흘리실 피임을 누구보다 잘 아신 예수님입니다. 예수님은 결단함으로 그리고 이미 입에 익은 습관으로 감사기도를 하신 것입니다.

예수님에게 기도는 곧 감사였습니다. 죽은 나사로를 살릴 때도 먼저 감사기도로 시작하셨습니다.

돌을 옮겨 놓으니 예수께서 눈을 들어 우러러 보시고 이르시되

아버지여 내 말을 들으신 것을 감사하나이다 요 11:41

사도 바울은 예수님의 기도를 통해 감사와 기도가 불가분의
관계임을 배웠습니다.

아무것도 염려하지 말고 다만 모든 일에 기도와 간구로, 너희 구

할 것을 감사함으로 하나님께 아뢰라 빌 4:6

감사가 버릇이
되게 하라

진심이 느껴지는 감사는 단번에 소통
의 벽을 허물어 버립니다. 감사는 겸손하지 않으면 나올 수 없
는 말이기 때문입니다. 오랜 시간 같이 있다고 해서, 또는 대화
를 오랫동안 나눴다고 해서 소통이 이뤄졌다고 말하기 어렵습

니다. 오히려 말이 많으면 실수가 생기고, 자기 의사를 정확하게 전달하지 못하면 심각한 오해가 생기기 십상입니다.

그러나 진심이 담긴 감사 한마디는 오랜 시간 대화를 나누지 않아도 단번에 마음의 문을 열게 만듭니다. 감사는 상대방을 온전히 인정하는 말이기 때문입니다. 상대방을 전 인격적으로 받아들이는 말이기 때문입니다.

감사는 무엇보다 상대방과의 관계를 소중히 여기는 마음입니다. 가게에 가서 물건을 산 뒤 감사하다고 말하는 사람이 있습니다. 내 돈 주고 물건을 사는데 무엇이 감사합니까? 오히려 감사하다고 인사 받는 게 맞지 않습니까? 그러나 감사하다는 말 한마디에 가게 주인은 기분이 좋아집니다. 그가 자신을 물건 파는 대상으로 취급하지 않고 한 사람의 인격체로 존중해 줬기 때문입니다. 감사는 이처럼 상대방을 인격적으로 존중하는 마음이 드러나는 말입니다. 성공하는 사람들은 '감사하다'와 '미안하다'는 말을 아끼지 않습니다. 성공하고 싶다면 자주 감사하다, 미안하다고 말하십시오.

상대방을 한 사람의 인격체로 받아들이는 마음은 사실 믿음에서 비롯됩니다. 하나님은 우리가 변화될 줄 믿고 우리를 인격적으로 대우해 주십니다. 우리가 나 아닌 다른 사람을 인격적으로 받아들이는 것도 그가 완벽하거나 존경스러워서가 아니라 믿음으로 그렇게 대접하기로 결정한 것입니다. 믿음은 사회적인 약자나 장애인을 대등한 인격으로 대접합니다. 비록 부족한 사람이라도 믿음은 그를 인격체로서 받아들입니다.

예수님은 이 땅에 오셔서 우리가 감사할 수 없는 사람, 인정할 수 없는 사람, 대접 안 해도 될 사람들을 대접하셨고 인정하셨고 가까이하셨고 그들을 사랑하셨습니다. 심지어 간음하다 현장에서 붙들린 여인조차 인정하시고 받아 주시고 회복시키셨습니다. 예수님의 이 같은 태도가 곧 믿음입니다. 예수님은 오히려 연약한 사람들을 인격적으로 대하지 않는 종교인들을 차갑게 대하셨습니다. 그들의 믿음이 오히려 해로운 믿음이라고 알려 주셨습니다. 믿음은 사람을 대하는 태도에서 드러납니다. 그리고 이 믿음이 드러나는 대표적인 표현이 곧 감사입니다.

우리는 하나님이 전능하시며 실수가 없으신 분임을 믿습니다. 그런 하나님께 우리가 감사하는 것은 당연합니다. 그러나 실수가 많고 완전하지도 않은 우리와 똑같은 사람에게 감사하기는 쉽지 않습니다. 갈등이 생기고 위기가 닥치고 원망할 일이 벌어지는데도 감사하기는 더 어렵습니다. 그러나 사도 바울을 통해 우리가 범사에 감사하는 것이 하나님의 뜻이라고 말씀합니다. 그래서 감사를 결단해야 하고 감사를 버릇으로 삼아야 하는 것입니다.

감사가 습관이 되지 않으면 정작 감사할 일에도 감사하지 못합니다. 감사할 만한 일이 내 마음에서 점점 사라집니다. 죄인들의 계산기는 모두 고장이 나서 대차대조표가 맞는 법이 없습니다. 항상 나는 더 베풀고 덜 받는다고 계산합니다. 차라리 "나는 절대 손해 보지 않고 살았다"고 말하는 것이 정직한 계산입니다. 그러나 대부분은 내가 베푼 선의는 너무 크고 남이 보여 준 배려는 너무나 작다고 합니다. 조금이라도 서운한 일을 못 견딥니다. "내가 어떻게 했는데 내게 이럴 수 있어?" 합니다.

예수님은 1만 달란트 빚진 사람의 비유를 통해 우리의 셈법이 얼마나 부당한지를 알려 주셨습니다.

결산할 때에 만 달란트 빚진 자 하나를 데려오매… 그 종의 주인이 불쌍히 여겨 놓아 보내며 그 빚을 탕감하여 주었더니 그 종이 나가서 자기에게 백 데나리온 빚진 동료 한 사람을 만나 붙들어 목을 잡고⋯ 그가 빚을 갚도록 옥에 가두거늘 마 18:24-30

우리는 예수님께 1만 달란트 빚진 자들입니다. 1만 달란트란 우리가 하루도 빼먹지 않고 매일 일해서 16만 년 동안 벌어야 하는 돈입니다. 도무지 만져 볼 수 없는 큰돈입니다. 그렇게 어마어마한 빚을 탕감받고는 겨우 100데나리온 빚진 자를 용서할 수 없다고 옥에 가두는 것이 우리입니다. 내가 베푼 은혜는 너무 크고 받은 은혜는 너무 작은 것이 우리의 셈법입니다.

감사는 우리 안의 고장 난 계산기를 고치는 첫걸음입니다. 내가 베푼 것보다 받은 것이 더 많다고 느껴야 표현할 수 있는 것이 감사이기 때문입니다.

어느 재벌 회장이 5조 원가량을 뇌물로 썼다가 수사를 받게 되었습니다.

"어떻게 억 단위의 뇌물을 그렇게 무차별로 뿌리셨습니까?"

담당 검사가 물었습니다. 이에 대한 회장의 대답이 재미있습니다.

"당신 손에 쥐고 있는 5만 원 중 1원, 2원 주는 게 아깝겠소? 그 5만 원 다 쓰고 나면 100만 원이 생긴다고 할 때 그 돈 쓰는 게 아깝겠소?"

물론 뇌물로 감사를 표하라는 얘기가 아닙니다. 이 재벌 회장이 큰돈이 돌아올 것이라는 믿음으로 돈을 쓰는 자세는 배울 만합니다. 더 큰 감사의 일로 되돌아올 줄 믿기에 감사를 아까워하지 않은 것입니다. 감사하면 감사할수록 더 큰 감사의 일이 기다리고 있다는 믿음을 가지십시오.

감사는 받은 것이 흘러넘쳐서 내 안에 가두지 않고 밖으로 흘려보내는 것입니다. 받은 것이 적다고 느낀다면 흘려보낼 수 없는 노릇입니다.

감사의 버릇은 내 안에 흘러들어 온 것을 밖으로 자꾸 흘려보내다가 생긴 버릇입니다. 입으로 자주 감사하다고 말하다가 내 입에 익은 버릇입니다. 내 안의 불만을 쏟아 버리고 대신에 감사를 흘려보내기로 결단하면서 생긴 버릇입니다. 감사하는 사람은 점점 감사할 일이 늘어납니다. 사도 바울은 별걸 다 가지고 감사하기 시작합니다.

먼저 내가 예수 그리스도로 말미암아 너희 모든 사람에 관하여 내 하나님께 감사함은 너희 믿음이 온 세상에 전파됨이로다 롬 1:8

그리스도 예수 안에서 너희에게 주신 하나님의 은혜로 말미암아 내가 너희를 위하여 항상 하나님께 감사하노니 고전 1:4

내가 기도할 때에 기억하며 너희로 말미암아 감사하기를 그치지 아니하고 엡 1:16

내가 너희를 생각할 때마다 나의 하나님께 감사하며 빌 1:3

바울은 자신이 왜 그렇게 감사하며 우리 또한 왜 감사해야 하는지를 분명하게 말합니다.

하나님께서 지으신 모든 것이 선하매 감사함으로 받으면 버릴 것이 없나니 딤전 4:4

그냥 감사한 것이
진짜 감사한 것이다

그런데 우리는 왜 감사함으로
모든 것을 받을 수 없는 걸까요? 왜 감사하지 못하는 겁니까?
바울이 제자 디모데에게 그 이유를 설명해 줍니다.

사람들이 자기를 사랑하며 돈을 사랑하며 자랑하며 교만하며 비

방하며 부모를 거역하며 감사하지 아니하며 거룩하지 아니하

며 딤후 3:2

왜 감사할 수 없습니까? 자기를 더 사랑하기 때문입니다. 자
기애가 강한 사람은 감사할 수 없습니다. 자존심이 강한 사람
도 감사하기 어렵습니다.

왜 감사할 수 없습니까? 돈을 사랑하기 때문입니다. 돈에 묶
이면 감사가 사라집니다. 물건 값을 깎아 주어도 감사하지 않
는 사람이 있고 깎아 주지 않아도 감사하는 사람이 있습니다.
누가 부자입니까? 감사하는 사람입니다. 그는 달라는 돈만 준
게 아니라 마음도 준 사람입니다. 돈보다 값진 것이 무엇인지

아는 사람입니다. 달라는 것 외에 더 줄 줄 아는 사람, 더 값진 것을 아낌없이 나눌 줄 아는 사람이 진정한 부자 아닙니까?

왜 감사하지 않습니까? 자기 자랑 때문입니다. 내 자랑이 많은 사람은 감사할 일이 별로 없습니다. 교만한 사람은 감사할 수 없습니다. 남을 비난하고 비방하는 사람은 감사할 일이 눈을 씻고 찾아도 없습니다. 부모를 거역하는 사람도 감사가 없습니다. 감사는 조건이 아닙니다. 태도일 뿐입니다.

소설가 박완서 씨는 1988년 5월에 남편을 잃고 곧이어 8월에 아들까지 잃었습니다. 하늘이 무너진 듯한 절망 앞에서 그는 하나님을 원망했습니다.

"왜 내게 이런 일이 일어나는 겁니까?"

너무 슬프고 기가 막혀서 기도조차 할 수 없던 어느 날 하나님의 세미한 음성이 박완서 씨의 마음을 두드렸습니다.

"너는 왜 네게는 그런 일이 일어나서는 안 된다고 생각하니?"

그 순간 그는 한 번 더 무너졌습니다. 남편과 아들을 한꺼번에 잃은 슬픔으로 몸을 가누기 힘든 그에게 하나님은 위로 대신 다시 한 번 가슴을 치게 하셨습니다. 박완서 씨는 남들에게는 일어나도 자신에게는 절대 일어나선 안 되는 일이라고 굳게 믿은 자신이 얼마나 교만한 사람인지를 깨닫고 하나님께 무릎을 꿇었습니다. 통회하며 아직 해결되지 않은 자신의 죄를 회개했습니다. 그러자 멈추지 않는 감사가 다시 흐르기 시작했습니다.

요즘 왜 감사합니까?

이 질문에 답하기 어려워야 정상입니다. 왜냐하면 그냥 모든 것이 감사할 따름이기 때문입니다. 마땅히 떠오르는 이유는 없지만 그냥 감사하다면 지금 감사하는 삶을 살고 있는 것입니다. 그냥 예수님 손에 붙들려 사는 것이 평안하고 감사하다면 하나님의 뜻을 따라 제대로 살고 있는 것입니다. 하나님께서 하시는 일에 감사하지 않을 일은 하나도 없습니다.

인도네시아로 아웃리치 갔더니 불편한 게 한두 가지가 아니었습니다. 집에 있었으면 안락한 침대에서 자고 따뜻한 물로 샤워하고 맛난 음식 먹으며 지냈을 텐데 훨씬 못한 환경을 내 돈 들여서 굳이 찾아가 고생이 많았습니다. 같이 간 의사 분들은 정말 열악한 환경에서 환자를 진료해야 했습니다. 말도 통하지 않는 환자를 치료하느라 온몸을 땀으로 샤워해야 했습니다.

평소 같으면 이 상황이 짜증나고 화가 나야 정상이지 않겠습니까? 그런데 우리 모두는 감사했습니다. 불평하고 원망하는 소리가 아니라 감사하는 소리가 메아리쳤습니다. 왜 그렇습니까?

예수님과 함께했기 때문입니다. 예수님의 힘으로 했기 때문입니다. 예수님 때문에 했기 때문입니다. 감사란 내 안에' 계신 예수님 때문이지 나 때문이 아닙니다.

다시 묻겠습니다. 하나님은 "범사에 감사하라"고 명령하셨습니다. 하나님이 우리가 할 수 없는 일을 요구하셨습니까? 그렇지 않습니다. 예수님과 함께하면 우리는 언제든지 감사할 수 있습니다.

사실 지금까지 살펴본 하나님의 뜻은 모두 예수님만 있으면 다 할 수 있는 일입니다.

'거룩하라, 돌이키라, 나를 알라, 하나 되라, 사랑하라, 기뻐하라, 기도하라, 감사하라.'

내 안에 성령님이 계시면 그냥 자연스럽게 이루어지는 일들입니다. 그렇다면 하나님의 뜻은 결국 우리가 말씀을 기억하여 말씀대로 살도록 우리를 이끌어 가시는 성령님의 인도에 순종하는 것입니다.

chapter 9

증인 되라

God's

will

성령 안에서 삶으로 증언하라

증인 되라

지금까지 하나님의 뜻 여덟 가지를 살펴보았습니다. 그런데 우리는 왜 하나님의 뜻을 알아야 합니까? 하나님을 믿는다는 것은 하나님이 나보다 우선한다는 것을 인정하는 일입니다. 하나님이 나보다 먼저라면 내 뜻보다 하나님의 뜻이 더 중요한 것 아닙니까? 하나님이 나보다 먼저이고 하나님이 나보다 중요하기 때문에 하나님의 뜻을 살폈습니다. 살펴보니 하나님의 뜻을 아는 것은 어렵지 않으나 그 뜻대로 사는 것이 여전히 쉽지 않다는 것을 알게 되었습니다.

그래서 사도 바울이 이렇게 조언했습니다.

"우리 심플하게 삽시다. 그냥 따지지 말고 이것저것 계산하지 말고 항상 기뻐하고 계속 기도하고 모든 일에 감사합시다. 그것이 하나님의 뜻입니다. 그런데 심플한 줄은 알겠는데 그게 더 어렵다고요? 방법이 있습니다. 예수님 때문에 살고 예수님의 힘으로 살고 예수님을 의지하고 살면 그렇게 살 수밖에 없습니다."

이제 아홉 번째 하나님의 뜻을 살펴보려고 합니다. 예수님은 우리가 '증인 되는 것'이 하나님의 뜻이라고 말씀하셨습니다. 이것은 예수님의 마지막 부탁이었으며 하나님 뜻의 완결입니다.

제자들과 예수님의
관심의 차이

그들이 모였을 때에 예수께 여쭈어 이르되 주께서 이스라엘 나라를 회복하심이 이때니이까 하니 행 1:6

부활하신 예수님을 여러 차례 만나면서도 제자들은 이스라

215

엘의 회복이라는 문제 앞에서 갈피를 잡지 못했습니다. 심지어 부활을 여전히 의심하는 제자도 있었습니다. 누가는 사도행전을 기록하면서 제자들의 이런 문제를 예수님이 어떻게 해결하셨는지 알려 줍니다.

사도와 함께 모이사 그들에게 분부하여 이르시되 예루살렘을 떠나지 말고 내게서 들은 바 아버지께서 약속하신 것을 기다리라 요한은 물로 세례를 베풀었으나 너희는 몇 날이 못 되어 성령으로 세례를 받으리라 하셨느니라 행 1:4-5

예수님이 이렇게 설명하셨는데도 제자들은 '아! 이제 종말이구나! 이제 곧 하나님 나라가 온다는 얘기구나. 이제야말로 이스라엘이 회복된다는 얘기구나'라고 알아들었습니다. 그래서 제자들이 다시 확인합니다. "언제 이스라엘이 이 끔찍한 로마 압제로부터 해방됩니까? 언제 하나님 나라가 완전하게 회복됩니까? 지금이 바로 그때입니까?"

이르시되 때와 시기는 아버지께서 자기의 권한에 두셨으니 너희가 알 바 아니요 오직 성령이 너희에게 임하시면 너희가 권능을 받고 예루살렘과 온 유대와 사마리아와 땅 끝까지 이르러 내 증인이 되리라 하시니라 행 1:7-8

예수님은 이 말씀을 통해 마지막 시대를 살아가는 우리에게 지극히 중요한 세 가지를 가르쳐 주십니다.

첫째, 마지막 때에 너무 관심 갖지 말라는 것입니다. 마지막 날이란 인간이 알아야 할 시간, 안다고 말할 수 있는 시간이 아니라고 하십니다.

둘째, 성령이 임해야 한다는 것입니다. 예수님은 부활 후 제자들을 만났을 때 이미 성령을 주셨습니다. '성령을 받으라.' 예수님의 부활은 성령 사건입니다. 부활하셔서 성령을 보내 주시기 위한 사건입니다. 성령을 받아야 부활을 알 수 있고 믿을 수 있습니다. 부활은 이성으로는 믿어지지 않습니다. 우리의 지성과 경험으로도 믿을 수 없습니다. 그래서 당대의 지성인들은 예수님의 부활을 도무지 믿지 못해 크리스천들을 핍박했습니다. 부활은 오직 성령으로만 믿어지고, 오직 성령이 내 안에 계실 때 부활 얘기에 가슴이 뜨거워집니다.

셋째는 증인이 되라는 것입니다. 사실 예수님의 말씀은 증인이 되라는 명령이라기보다 증인이 될 것이라는 약속입니다. 성령이 임하면 우리가 성령의 사람이 되고 이후로 우리는 증인의 삶을 살 수밖에 없다는 것입니다.

예수님의 관심은 제자들의 관심과 차원이 다르다는 것을 알 수 있습니다. 제자들의 관심은 도대체 언제 이 고생이 끝나고 하나님 나라에서 대접받으며 살 것인가 하는 것이고, 예수님의 관심은 제자들을 어떻게 이 마지막 시대를 살아갈 수 있는 능력의 사람, 성령의 사람으로 변화시킬 것인가 하는 것입니다. 예수님은 제자들이 증인으로 살 수 있도록 하는 계획도 가지고 계십니다.

예수님의 마지막 명령,
증인이 되어라

'증인'은 헬라어로 마르튀스(μάρτυς)입니다. 영어 성경은 모두 위트니스(witness)로 번역했지만, 실제 마르튀스에서 나온 영어 단어는 마터(martyr), 즉 순교자입니다. 증인에게는 세 가지 조건이 필요합니다. 첫째, 실제로 보고 들은 것이 있어야 합니다. 둘째, 정확하고 정직하게 기술할 수 있는 능력이 있어야 합니다. 셋째, 위험을 무릅쓰는 담대함이 있어야 합니다. 보고 들은 것이 없으면서 증인으로 자처하는 사람을 거짓 증인, 위증자라고 합니다. 증인은 다른 사람이 못 보고 못 들은 것을 보고 들었기 때문에 말하게 된 사람입니다. 이 보고 들은 것을 증언하는 일에는 위험이 따릅니다. 증언을 듣고자 하는 사람들에게 불리할 때 주변이 시끄러워집니다.

제자들은 예수님으로부터 마지막 명령을 들었습니다. 사복음서 기자인 마태, 마가, 누가, 요한은 이 예수님의 마지막 명령을 조금씩 다르게 기록하고 있습니다. 먼저 마태는 '모든 족속을 제자 삼으라'로, 마가는 '만민에게 복음을 전파하라'고 기록하고 있습니다.

그러므로 너희는 가서 모든 민족을 제자로 삼아 아버지와 아들과 성령의 이름으로 세례를 베풀고 내가 너희에게 분부한 모든 것을 가르쳐 지키게 하라 볼지어다 내가 세상 끝날까지 너희와 항상 함께 있으리라 하시니라 마 28:19-20

또 이르시되 너희는 온 천하에 다니며 만민에게 복음을 전파하라 막 16:15

요한은 목양의 소명을 기록합니다. 주님을 세 번이나 부인하고 절망에서 헤어날 길이 없는 베드로를 회복하시면서 이르신 예수님의 명령입니다.

"내 어린 양을 먹이라."
"내 양을 치라."
"내 양을 먹이라."

예수님은 베드로에게 목양의 소명을 세 번이나 강조해서 부탁하셨습니다.
그러면 누가는 어떻게 기록했을까요?

또 이르시되 이같이 그리스도가 고난을 받고 제삼일에 죽은 자가운데서 살아날 것과 또 그의 이름으로 죄 사함을 받게 하는 회개가 예루살렘에서 시작하여 모든 족속에게 전파될 것이 기록되

었으니 너희는 이 모든 일의 증인이라 볼지어다 내가 내 아버지
께서 약속하신 것을 너희에게 보내리니 너희는 위로부터 능력으
로 입혀질 때까지 이 성에 머물라 하시니라 눅 24:46-49

누가는 제자들의 미션이 증인 되는 것임을 밝혔습니다. 누
가는 예수님이 "너희는 이 모든 일의 증인이라" 하시면서 성령
강림 사건을 미리 알려 주신 것을 기록하고 있습니다.

우리는 여기서 크리스천이란 예수님을 증거하는 존재라는
사실을 확인하게 됩니다. 증인의 생명은 증언에 있습니다. 예
수님에 대해 묻는 사람들에게 예수님이 누구신지 증언하는 것
이 우리의 소명입니다. 우리가 예수님의 증인 되는 것이 왜 하
나님의 뜻일까요? 예수님을 통해 하나님의 뜻이 다 이루어졌
기 때문입니다. 하나님의 뜻을 알고 싶으면 예수님을 보면 되
기 때문입니다.

인류의 가장 위대한 선언이 무엇이라고 생각합니까? 미국의
독립 선언입니까? 노예 해방 선언입니까? 아닙니다. 의미 있는
선언이지만 가장 위대한 선언이라고 하기에는 부족합니다. 인
류 최대의 위대한 선언은 십자가의 선언입니다. 예수님이 말씀

하신 '다 이루었다'라는 선언입니다. 이 선언은 하나님이 인간과의 약속을 통해 이루고자 하신 하나님의 뜻을 하나님 당신이 다 이루었다는 뜻입니다. 노아와 맺은 무지개 언약, 아브라함과 맺은 축복의 언약, 모세와 맺은 시내 산 언약, 다윗과 맺은 영원한 왕위의 언약… 하나님께서 일방적으로 약속하신 이 모든 언약을 십자가에서 다 이루셨다는 것입니다. 그래서 그리스도는 율법의 마침이고, 십자가는 약속의 성취입니다. 예수 그리스도는 중간이라는 의미의 쉼표가 아니라 마침표입니다. 예수님은 하나님이 인간과 맺은 모든 언약의 성취입니다. 이것이 성경의 줄거리입니다. 구약은 오실 예수님의 이야기지요. 이 땅에 예수님이 왜 오셔야 하는지 그 이유에 관한 이야기이고, 신약은 그렇게 해서 오신 예수님의 이야기입니다. 그리고 오셔서 무엇을 하셨는지에 대한 이야깁니다.

그 이야기의 결론은 무엇입니까? 예수님이 다 하셨다는 것입니다. 우리는 십자가에서 인류 역사의 가장 위대한 선포를 듣습니다.

"나의 하나님, 나의 하나님! 왜 나를 버리셨습니까?"

극심한 고통과 처절한 고뇌로 절규하던 예수님이 마지막 호흡을 몰아쉬십니다. 그리고 그 얼굴에 다시 평온함을 되찾고 마지막으로 이 위대한 선포를 하십니다.

"다 이루었다."

다 이루었다는 이 선언 앞에 온 세상이 호흡을 멈추고, 온 우주가 숨을 죽입니다.

예수님은 고개를 떨구시더니 숨지셨으나 사흘 만에 부활하셔서 40일 동안 제자들을 만나십니다. 제자들은 반신반의한 상태로 예수님을 만났고 예수님의 말씀을 들었습니다. 예수님은 제자들에게 명령하십니다. 우리는 그 명령을 최후의 명령(Last Commandment), 대위임 명령(Great Commandment)이라고 부릅니다. 이 명령을 우리가 다 들었습니다. 누가는 이 마지막 명령을 가장 자세히 기록한 사람입니다. 그 기록의 핵심 단어가 바로 증인입니다. 마르튀스, 마터입니다.

그런데 또 한 가지 놀라운 사실이 있습니다. 이 명령을 우리가 수행하는 것이 아니라 예수님이 우리와 함께 친히 수행하시겠다는 선언입니다. '이제 내가 성령으로 임할 것인데 그 성령이 네게 오면 네가 증인이 될 능력이 생긴다'는 것입니다.

그렇다면 성령은 누구입니까? 예수님이 보내시는 영, 예수

223

님의 영입니다. 왜 보내신다는 겁니까? 나의 개인적인 유익을 위해 보내신다는 겁니까? 내 소원을 들어 주고 내 한을 풀어 주는 영입니까? 우리의 미래를 알아맞히는 영입니까? 아닙니다.

성령은 예수님을 증거하도록 하는 영입니다. 예수님을 증거하기 위해 때로 기적을 베풀 수 있습니다. 때로 병을 낫게 하기도 합니다. 때로 초자연적인 현상을 허락하기도 합니다. 그러나 그 모든 목적과 초점은 무엇입니까? 예수님을 증거하는 것입니다. 무엇보다 예수님의 말씀이 들리게 하고 그 말씀을 전하게 하는 것입니다. 설교 시간에 왜 졸립니까? 성경 읽을 때 왜 졸립니까? 말씀이신 성령을 훼방하는 영이 있기 때문입니다.

하나님 나라의 증인,
예수 그리스도

믿음은 보고 듣는 데서 시작됩니다. 명상을 해서 깨달아지는 것이 아니라 예수님을 보고 듣는 데서 시작된 믿음으로 믿습니다. 신앙은 예수님을 믿는 것입니다. 왜 예수님을 믿습니까? 우선 예수님이 우리더러 "나를 믿으라"고 반복해서 말씀하셔서 믿습니다.

내 말을 믿으라 요 4:21

나를 믿으라 요 14:1

너는 나를 본 고로 믿느냐 보지 못하고 믿는 자들은 복되도다 요 20:29

왜 예수님을 믿으라 하십니까? 예수님이 곧 하나님이기 때문에 믿으라 하십니다.

나를 영접하는 자는 나를 보내신 이를 영접하는 것이니라 마 10:40

나를 본 자는 아버지를 보았거늘 요 14:9

나를 미워하는 자는 또 내 아버지를 미워하느니라 요 15:23

여기서 우리는 예수님이야말로 하나님 나라의 증인으로 오셨음을 알 수 있습니다. 세상 법정에 증인으로 출두하셔서 우리가 다 하나님의 것임을 증언하시다가 세상 통치자에게 사형당하셨습니다. 그렇게 될 줄 알고 오셨습니다. 그 증언을 끝까지 하기 위해 오셨습니다.

예수님은 하나님의 아들 예수님을 십자가에 못 박은 이스라엘 사람들과 하나님의 관계를 마태복음 21장 33절 이하에 나오는 농부들과 포도원 주인의 비유로 설명하셨습니다.

집 주인이 포도원을 만들어 울타리도 치고 포도즙 짜는 틀도 만들어 놓고는 농부들에게 세를 주고 떠났습니다. 수확 때가 되어 포도 열매를 얼마간 받기 위해 종을 보냈으나 농부들이 종을 심히 때리고 심지어 돌로 쳐서 죽였습니다. 주인이 더 많은 수의 종을 보냈으나 농부들은 이번에도 그들을 돌로 쳐서 죽였습니다. 주인이 이번엔 종이 아니라 아들을 보냈습니다. 그러자 농부들이 머리를 굴리며 '아들만 죽이면 이 포도원은 내 차지겠구나' 하며 아들까지 죽입니다. 예수님이 여기까지 말씀하시고 사람들에게 묻습니다.

그러면 포도원 주인이 올 때에 그 농부들을 어떻게 하겠느냐 마
21:40

그러자 예수님의 말씀을 듣던 무리가 이렇게 대답합니다.

그들이 말하되 그 악한 자들을 진멸하고 포도원은 제때에 열매
를 바칠 만한 다른 농부들에게 세로 줄지니이다 마 21:41

예수님도 이렇게 결론을 내리십니다.

하나님의 나라를 너희는 빼앗기고 그 나라의 열매 맺는 백성이
받으리라 마 21:43

이 비유를 끝까지 들은 대제사장과 바리새인들이 악한 농부
가 자신들을 가리키는 것임을 깨닫고 이를 갈며 예수님을 잡고
자 합니다.

예수님은 하나님의 아들이십니다. 그분이 하나님을 아버지, 아빠로 부르셨기 때문입니다. 그리고 비유로 말씀하신 대로 바리새인과 대제사장에 붙잡혀 십자가에서 죽음을 당하셨습니다. 그러나 곧 놀라운 반전이 일어납니다. 예수님이 십자가에서 죽어 가면서 아버지의 뜻을 다 이루셨다고 선언하신 것입니다. 그리고 사흘 만에 부활하셔서 제자들에게 부활의 증인이 되라고 말씀하십니다.

제자들은 예수님의 명령에 따라 성령 세례를 받은 뒤 모두 증인으로 살았습니다. 단순히 위트니스(witness), 즉 증인으로 그치지 않고 마터(martyr), 곧 순교자가 되었습니다. 야고보는 참수당했고, 베드로는 십자가에 거꾸로 못 박혀 죽었고, 의심 많던 도마는 인도까지 가서 순교했고, 바돌로매와 다대오도 십자가형을 받았습니다.

또 우리가 하나님의 거짓 증인으로 발견되리니 우리가 하나님이 그리스도를 다시 살리셨다고 증언하였음이라 만일 죽은 자가 다시 살아나는 일이 없으면 하나님이 그리스도를 다시 살리지 아니하셨으리라 고전 15:15

예수님의 부활이 거짓이라면 모든 순교자들은 가장 바보짓을 한 것입니다. 그러나 순교의 역사는 지금까지 씌어지고 있습니다. 오늘도 예수님을 만난 사람들, 예수님의 말씀을 들은 사람들이 순교의 자리까지 나아갑니다. 보고 들었기 때문입니다. 증인이 되었기 때문입니다.

이 모든 것이 첫 번째 증인인 예수님으로부터 시작된 일입니다. 요한계시록은 예수 그리스도를 "충성되고 참된 증인"(계 3:14)으로 기록하고 있습니다. 예수님은 빌라도가 심문할 때도 진리의 증인으로 오셨음을 밝히셨습니다.

> 빌라도가 이르되 그러면 네가 왕이 아니냐 예수께서 대답하시되 네 말과 같이 내가 왕이니라 내가 이를 위하여 태어났으며 이를 위하여 세상에 왔나니 곧 진리에 대하여 증언하려 함이로라 무릇 진리에 속한 자는 내 음성을 듣느니라 하신대 요 18:37

빌라도는 예수님의 대답을 듣고 진리가 무엇이냐고 묻지만 처음부터 들을 마음이 없었는지라 예수님의 증언을 더 듣지 않고 대화를 끝내 버립니다. 그러나 예수님은 말이 아닌 그의 삶으로 진리를 증언하십니다. 십자가에서 두 팔을 벌리고 손과 발이 못에 박힌 채로 몸에 있는 피 한 방울 남기지 않고 다 쏟으며 하나님의 사랑을 증거하신 것입니다.

"하나님이 너희를 이처럼 사랑하신다. 이 사랑에는 오직 한 가지 목적이 있을 뿐이다. 네가 믿기만 하면 네게 나의 생명, 죽어도 죽지 않는 생명, 살아서 믿으면 죽음을 보지 않는 생명, 그 영원한 생명을 주겠다."

이것이 복음입니다. 우리는 이 복음을 전하도록 부르심을 받은 사람들입니다. 베드로는 증인의 삶을 이렇게 살라고 증거합니다.

그러나 너희는 택하신 족속이요 왕 같은 제사장들이요 거룩한 나라요 그의 소유가 된 백성이니 이는 너희를 어두운 데서 불러내어 그의 기이한 빛에 들어가게 하신 이의 아름다운 덕을 선포하게 하려 하심이라 벧전 2:9

히브리서 기자는 한 걸음 더 나아가서 믿음의 사람들은 수많은 증인들과 함께 살아가는 사람이라고 합니다.

이러므로 우리에게 구름같이 둘러싼 허다한 증인들이 있으니 히 12:1

가짜 세상에서 진짜로 살아가기

사도행전은 성령 받은 사도들의 이야기입니다. 예수님의 제자들이 성령을 받은 뒤 어떻게 능력의 사람들이 되어 예수님을 증거했는지를 기록한 책입니다. 당연히 베드로를 비롯한 사도들의 증언이 계속됩니다.

이 예수를 하나님이 살리신지라 우리가 다 이 일에 증인이로다 행 2:32

생명의 주를 죽였도다 그러나 하나님이 죽은 자 가운데서 그를 살리셨으니 우리가 이 일에 증인이라 행 3:15

우리는 이 일에 증인이요 하나님이 자기에게 순종하는 사람들에

게 주신 성령도 그러하니라 하더라 ^{행 5:32}

사도행전 7장에 이르면 하나님은 또 한 사람, 위대한 증인을 등장시킵니다. 바로 청년 사울입니다. 그 사울을 왜 사도로 만드셨습니까?

> 네가 그를 위하여 모든 사람 앞에서 네가 보고 들은 것에 증인이 되리라 ^{행 22:15}

신약성경의 13개 서신서는 바울의 증언입니다. 예수님이 자기를 어떻게 부르셨고, 어떻게 쓰셨는지에 대한 기록입니다. 오늘도 이 기록은 이어지고 있습니다.

말씀이 허다한 증인들에 의해 증거될수록 사탄의 방해도 놀랍도록 치밀하고 집요해지고 있습니다. 그들의 수법은 혀를 내두를 만합니다. 성경의 중요한 말씀을 모두 표절해서 제 입맛에 맞게 편집하고 짜깁기합니다. 말씀 가운데 복 이야기만 나오면 물질적 축복으로 만들어 번영 신학을 퍼뜨립니다. 구원, 전도, 화평, 종말, 재림… 이 중요한 단어들을 왜곡해서 이단화

시켰습니다. 심지어 기존 교회 안으로 문화를 타고 들어가고, 조직과 제도를 통해 파고들고, 기도와 찬양을 통해서도 스며들어 훼방을 놓습니다.

그렇다면 우리는 참된 증인과 거짓 증인을 어떻게 구별해야 합니까? 진짜 증언과 거짓 증언을 어떻게 구분할 수 있습니까?

모든 법정 재판은 법률에 따라 진행됩니다. 마찬가지로 참과 거짓을 구별하는 기준은 오직 성경에 따라야 합니다. 악한 세력은 성경의 권위를 흔들기 위해 애를 씁니다. '성경은 하나님이 쓰신 게 아니라 인간의 생각이 교묘하게 들어간 인간의 책이다', '왜 도마복음과 유다복음을 배제했겠는가', '특정한 성경 외에 다른 성경은 거짓이다' 같은 주장을 끝없이 펼치며 성경의 권위를 흔듭니다.

그런데 한 가지 의문이 듭니다. 왜 성경만 이렇게 공격하는 걸까요? 이슬람교의 경전인 코란을 해부해서 이렇게 공격하는 일이 있습니까? 불경을 난도질하듯 비난하는 것을 들어 보셨습니까? 힌두교의 베다 경전을 문제 삼는다는 얘기를 들어 본 적 있습니까? 왜 성경만 이렇게 오랫동안 집요하게 흔드는 것입니까?

성경 말씀이 예수님을 증거하기 때문입니다. 그 말씀이 우리를 죽음에서 벗어나게 하기 때문입니다. 마피아가 자기 조직원을 빼 가는 것을 가만둡니까? 예수 믿다가 조직폭력배한테 죽도록 얻어맞은 사람들의 간증을 들으면 소름이 끼칩니다. 왜 종교 통합 움직임이 빨라집니까? 종교는 다 마찬가지이기 때문입니다. 서로 돕고 서로 애쓰면서 인간이 스스로 구원할 수 있다는 데 뜻을 모으자는 것입니다.

그러나 결국 종교는 영혼을 앗아 갑니다. 예수님은 하나님과 인간 사이에 끼어드는 자는 예외 없이 도적이고 강도라고 분명히 알려 주셨습니다. 예수님 외에 다 가짜라고 하셨습니다. 조금 작은 도적, 조금 큰 도적이 있을 뿐이고, 조금 더 진짜같이 보이는 가짜와 가짜 티가 완연한 가짜가 있을 뿐입니다.

오늘날과 같은 미디어 시대에는 가짜가 더 흔합니다. 근거도 출처도 없는 얘기들이 순식간에 세상을 뒤흔듭니다. 이런 메시지의 대혼란 시대에 우리가 의지할 것은 단 하나입니다. 성경입니다. 오늘날 스스로 교회라고 부르는 곳은 숱해도 참 복음이 있는 곳은 많지 않습니다. 설교라는 형식으로 말씀을 나누지만 복음만 전해지는 것은 아닙니다. 오직 성경 속에서만 복음을 들을 수 있습니다.

> 믿음의 선한 싸움을 싸우라 영생을 취하라 이를 위하여 네가 부
> 르심을 받았고 많은 증인 앞에서 선한 증언을 하였도다 딤전 6:12

하나님의 뜻은 우리가 증인 되는 것입니다. 하나님을 증언하는 것입니다. 그런데 증언은 내 생각, 내 경험을 말하는 것이 아닙니다.

나보다 예수님이 더 중요하고, 나보다 예수님이 더 먼저인 삶. 내 생각을 말하고 싶어도 예수님의 생각을 말하는 삶. 내 견해와 판단이 중요하지만 이보다 예수님의 견해와 판단을 더 중요하게 생각하는 삶. 이것이 크리스천의 삶입니다.

증인은 사실 많은 얘기를 할 필요가 없습니다. 더구나 오늘날은 말로 증언하는 것이 사실상 불가능해진 시대입니다. 그러면 어떻게 증언해야 합니까?

'예수님은 사랑이십니다'를 증언하려면 내가 예수님의 사랑으로 그 사람을 사랑하는 것 외에 다른 방법이 없습니다. '예수님이 당신의 죄를 용서하셨습니다'를 증언하려면 내가 그 사람

의 죄를 진심으로 용서하는 것 외에 다른 방법이 없습니다. 그래서 증인 되라는 하나님의 뜻은 하나님의 말씀을 바로 알라는 의미이고, 말씀대로 살라는 말입니다. 보고 듣지 않으면 증인이 될 수 없기 때문이고, 제대로 듣고 제대로 본 것이 아니면 바른 증언을 할 수 없기 때문이며, 증언하는 내용대로 살지 않으면 그 증언을 다른 사람들이 믿지 않기 때문입니다.

예수님이 약속하신 성령님은 그래서 우리가 말씀대로 살게 하는 영입니다. 증인이 증언할 내용대로 살게 하는 영입니다.

그러기 위해 성령님은 먼저 우리가 이 세상의 진짜 모습에 눈을 뜨게 하십니다. 이 세상이 얼마나 엉터리이고 가짜인지 실망하게 하는 사건을 만드십니다. 이것이 우리가 믿음 안에서 고난을 겪는 이유입니다.

하버드대학의 뇌과학자이며 신경외과 의사인 이븐 알렉산더(Eben Alexander)가 7일간 뇌사 상태로 있다가 다시 살아나 쓴 책이 있습니다. 《나는 천국을 보았다》(*Proof of Heaven*)입니다. 그는 무신론자였기에 소생 이후의 변화로 인해 세간의 관심을 집중시켰습니다.

"나의 체험은, 육체와 뇌의 죽음이 의식의 종말은 아니라는 것, 인간의 체험이 무덤을 넘어서까지 계속된다는 것을 보여 주었습니다."

사실 이 얘기는 예수님이 계속해서 알려 주신 말씀입니다. 성경을 통해 우리에게 말씀하시는 본질입니다. 또한 성령의 본질입니다. '인간이 영적 체험을 이따금 하면서 살라는 것이 아니라, 영적 존재로서 인간 체험, 세상 체험을 하면서 살라는 것'입니다. 이것이 예수님이 이 땅에서 우리를 구원하시는 목적입니다.

우리는 인간이 전부라고 말합니다. 우리는 세상이 전부인 줄 압니다. 우리는 물질이 다인 줄 압니다. 세상은 죽음이 끝인 줄 압니다.

그러나 아닙니다. 예수님은 증인이 되라는 명령을 통해 가장 먼저 우리가 영적 존재가 되어야 한다는 것을 알려 주십니다. 구원이란 영적 존재가 되어서 인간을, 세상을, 죽음을 새롭게 바라보기 시작하는 삶을 말합니다. 왜 증인 되라고 하십니까? 이 세상이 전부가 아니기 때문입니다. 왜 성령을 받으라고 명령하십니까? 성령이 아니고서는 영원한 것을 알 수도 영생을 받을 수도 없기 때문입니다.

기억하십시오. "네가 열심히 하면 영적 체험을 할 수 있을 것이다. 그때까지 착하게 살아라"가 아닙니다. 먼저 영적 존재가 되십시오. 어떻게요? 꾸준히 말씀을 읽고 계속해서 말씀을 묵상하십시오. 그 말씀이 성령입니다. 성경을 읽으면서 성령을 의지하고 성령을 갈망하십시오. 어느 날 홀연히 말씀을 읽다가 말씀이 들리기 시작할 것입니다. 말씀이 내 생각을 사로잡기 시작하고 내 생각을 지배하기 시작할 것입니다. 그러면 이 세상과 인간이 불쌍하고 측은하게 보이기 시작할 것입니다. 이전과 다른 차원에서 세상을 보게 될 것입니다. 그러면 우리가 죽을 때 돈도 건강도 인기도 명예도 권력도 다 두고 떠나지만, 성령님과 함께 경험하는 새로운 의식만이 영원의 시간으로 넘어갈 수 있다는 것을 알게 됩니다.

하나님의 뜻은 우리가 성령을 받아 예수님을 증거함으로 단 한 사람이라도 더 영원한 안식의 세계로 초청하는 것입니다. 그 일을 우리에게 맡기셨습니다.

하나님의 뜻이 무엇입니까? 무엇이 진정한 하나님의 뜻입니까? 어떻게 사는 것이 하나님의 뜻을 따라 사는 것입니까?

거룩하십시오. 죄에서 돌이키십시오. 하나님 알기를 힘쓰십시오. 서로 사랑하십시오. 예수님 안에서 하나 되십시오. 항상 기뻐하고 쉬지 말고 기도하며 모든 일에 감사하십시오. 그리고 일생 예수님을 증거하는 증인이 되십시오.

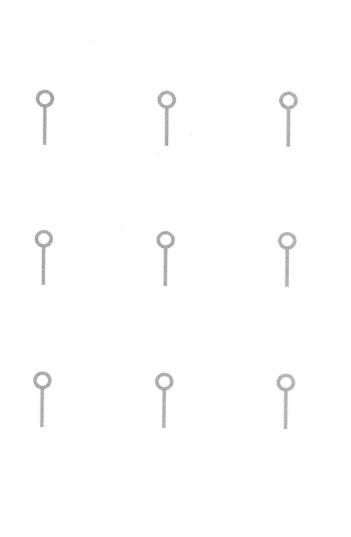